Markus Hofer

DIE ZWEITE HALBZEIT ENTSCHEIDET

MARKUS HOFER

DIE ZWEITE HALBZEIT ENTSCHEIDET

STRATEGIEN FÜR MÄNNER AB 40

Tyrolia-Verlag · Innsbruck-Wien

Mitglied der Verlagsgruppe „engagement“

Bibliografische Information Der Deutschen Nationalbibliothek
Die Deutsche Nationalbibliothek verzeichnet diese Publikation in der Deutschen Nationalbibliografie; detaillierte bibliografische Daten sind im Internet über http://dnb.d-nb.de abrufbar.

2. Auflage 2012

Lektorat: Mag. Klaus Gasperi, Zwischenwasser
Umschlaggestaltung: stadthaus 38, Innsbruck
Layout und digitale Gestaltung: Tyrolia-Verlag, Innsbruck
Druck und Bindung: Formatisk, Slowenien
ISBN 978-3-7022-3145-3
E-Mail: buchverlag@tyrolia.at
Internet: www.tyrolia-verlag.at

Inhaltsverzeichnis

Eines Tages

Nur Zwanzigjährige und Lügner sagen,
das Alter sei für sie kein Problem.
Martin Suter

Am Anfang merkt man es kaum, die ersten Anzeichen lassen sich noch leicht ignorieren. Eines Tages wird man aber wie mit der Nase darauf gestoßen, dass Mann auch älter wird. Kurz vor meinem 50. Geburtstag war ich nordisch walkend unterwegs in unseren Wäldern, als ein Stück vor mir eine junge Frau im rassigen Dress auf ihrem Mountainbike in einen steilen Forstweg einbog. Als ich um die Ecke kam, sah ich, dass sie noch gar nicht so weit oben war und mit ihrem Bike, es war ziemlich steil, auch nur langsam vorwärts kam.

Plötzlich sprang bei mir ein Schalter um. Ich gab alles, legte mich voll ins Zeug in der Hoffnung, die junge Frau vielleicht einholen zu können. Sie sah sich einmal um, verwundert darüber, dass das Klappern meiner Stöcke eher näher kam. Die „Maschine“ lief auf vollen Touren, aber natürlich nicht lange. Nach der ersten langen Steigung beendete ein stechender Wadenkrampf schlagartig meine Ambitionen. Die Strafe war verdient, ja sie folgte sprichwörtlich bei Fuß, wenn ein alter Esel glaubt, einer jungen Frau nachrennen zu müssen: Tief durchatmen, rasch ein paar Gänge herunterschalten, und bald genoss ich wieder die Bewegung in der Natur. Es kam aber noch schlimmer.

Eine Viertelstunde später ging es flotten Schrittes leicht abwärts, während mir von unten eine Schulklasse entgegenkam. Die Schüler waren alle so etwa zehn Jahre alt. In der ersten Reihe rief ein Schüler noch ganz witzig: „Achtung, Auto!“ Aber dann kam es knüppeldick. Als ich an der Klasse vorbeiwalkte, rief einer aus der hintersten Reihe prompt: „Achtung, Opa!“

Das sind tatsächlich die Pole, zwischen denen sich das Leben eines Mannes um die fünfzig abspielt. Auf der einen Seite glauben wir jungen Frauen nachrennen zu müssen, und auf der anderen Seite rangieren wir schon längst unter der Kategorie Opa. Zu meinem 50. Geburtstag beschloss ich dann, dem 5er vorne eine eigene Bedeutung zu geben. Er sollte für all das stehen, was ich nicht mehr muss. Der Gedanke ist wunderbar, es rieselt einem wohlig durch die Brust, wenn man darüber nachdenken darf, was man nun nicht mehr nötig hat. Plötzlich ist es, als ob man kiloweise Dinge aus dem Rucksack werfen kann.

Das Ganze gab mir zum runden Geburtstag regelrecht Auftrieb. Zudem war ich in tiefster Seele überzeugt, dass mir selber die Midlife-Krise selbstverständlich erspart bliebe, war ich doch selbst ein „Experte", der anderen die Dinge erklärte. „Was ich jetzt nicht mehr muss!" – dieses großartige Motto hatte ich schon mit 50 gefunden. Dennoch kam es völlig anders. Heute, einige Jahre später, ist das Motto immer noch gültig, aber es ist im Alltag so schnell vergessen, dass ich es mir manchmal erst mühsam wieder in Erinnerung rufen muss.

Die zweite Halbzeit entscheidet! Zunächst heißt es: Leistung, Erfolg und Anerkennung. Jung, stark und immer gut drauf. Doch dann kommt das „beste Mannesalter" und entpuppt sich nicht selten als die schwierigste Lebensphase. Plötzlich stecken wir in Situationen, auf die wir gar nicht vorbereitet sind, spüren wir Grenzen, auf die wir nicht gefasst sind. Wir Männer haben zwar den Aufstieg gelernt, aber nicht den Abstieg.

Unerwartet kann das Leben Wunden schlagen. Viele versuchen das unter den Teppich zu kehren, manche werden depressiv und erstarren in ihrer Lebensfreude. Andere spielen weiter den jugendlichen Helden und spüren nicht, dass sie langsam zum alten Narren werden. Gerade die Lebensmitte ist für uns Männer eine große Herausforderung, eine Chance der Verwandlung. In dieser Phase entscheidet sich, wohin es in der zweiten Halbzeit geht. Einige sind von der ersten Halbzeit so ausgebrannt, dass sie erst wieder zu Kräften kommen müssen, ehe sie sich neu orientieren können. Andere stürmen unverdrossen weiter und merken erst allmählich, dass die alte Strategie nicht mehr wirklich funktioniert. Wieder andere werden durch schmerzhafte Brüche gezwungen, ihre Strategie gründlich zu überdenken. Auch wenn jüngere Männer noch glauben mögen, es ginge immer gleich weiter: Das Spiel des Lebens ändert sich, und nicht selten werden nun die Karten neu gemischt. Es ist eben wie im Fußball: Die zweite Halbzeit entscheidet.

Doch diese Verwandlung verlangt einiges an Geduld. Plötzlich geht es um Dinge, die wir nicht mehr wie früher durch Kraft und Einsatz verändern können. Die neuen Qualitäten müssen wir erst mühsam entdecken. Erfolg im herkömmlichen Sinn wird zunehmend schal und zählt immer weniger. Erfolg kann uns ab der Lebensmitte auch nichts mehr lehren. Wir haben aber die Möglichkeit, reifer und weiser zu werden.

Phasen des Umbruchs sind selten lustig, aber es ist die Chance, dass wir uns zu reiferen Männern wandeln. Wenn wir beginnen loszulassen, anstatt noch mehr Gas zu geben, langsam heimzukommen, statt davonzurennen, dann sind wir auch imstande, die Früchte des Lebens zu ernten. Dieses Buch möchte eine Art Wanderführer durch die zweite Lebenshälfte sein. Natürlich sind unsere Schicksale individuell, hat jeder seine eigene Geschichte und seinen eigenen Weg. Trotzdem ist die Landschaft, durch die wir uns bewegen, eine ähnliche, gibt es nützliche Wegmarkierungen, häufig begangene Routen sowie Klippen und Sackgassen, vor denen man ein Gefahrenzeichen aufstellen kann. Es gibt Pioniere, von denen man lernen kann, hilfreiche Erfahrungen anderer, vergleichbare Herausforderungen, nützliche Tipps und Hilfen – brauchbare Strategien für Männer ab 40. Je mehr ich mich in meiner Arbeit mit Männern in dieser Lebensphase beschäftigt habe, umso mehr begannen sich die Geschichten zu gleichen. Ein Stück des Weges bin ich selbst schon gegangen, und viele andere haben ihre Erfahrungen mit mir geteilt. Nicht zuletzt muss der Tierarzt selber ja auch kein Rindvieh sein, um zu sehen, ob es einem alternden Bullen gut geht.

Götzis, im Sommer 2011 *Markus Hofer*

1. Die innere Lebenskurve des Mannes

**Du wirst im Leben Dinge tun,
die am Ende überhaupt
nicht mehr wichtig sind,
aber für deinen Weg
wichtig gewesen sind.**

Die täglich in allen Medien verbreiteten Anti-Aging-Tipps auch für Männer suggerieren uns ein gefährliches Bild. Es geht im Grunde ausschließlich um den Körper, und der wird gesehen wie ein Auto, das nun doch schon einige Kilometer auf dem Tacho hat. Da gibt es Tipps, wie man den Lack wieder aufhellen kann, wo möglicherweise ein Ölwechsel vorgenommen oder irgendeine Chemikalie neu aufgefüllt werden muss. Ersatzteile werden angepriesen, die man notfalls austauschen könnte, Antikorrosions-Programme, um den Rost oder sonstige Zersetzungen in den Griff zu kriegen, und natürlich Möglichkeiten, wie die äußere Schale neu zu tunen oder aufzupimpen (so heißt das jetzt) wäre. Wenn es hoch kommt, gibt es hie und da einen Hinweis auf eine möglicherweise etwas schonendere Fahrweise. Eigentlich typisch männlich, möchte man sagen, und die meisten der medizinischen Experten dahinter sind auch Männer. Der alte Spruch von der harten Schale mit dem weichen Kern legt es hingegen nahe, dass wir Männer nicht nur aus einer „Hardware", sondern auch aus einer weniger sichtbaren „Software" bestehen. Es verändert sich nicht nur die äußere Schale, auch der männliche Geist ist unterwegs, mal kraftvoll sich aufschwingend, in manchen Phasen vielleicht eher flügellahm. Ähnlich geht es unserer Männerseele, die manchmal ganz bei sich ist und dann zu Zeiten auch orientierungslos die Landschaften durchstreift nach dem rechten Weg, den sie ziehen will.

Anti-Aging allein gibt keinen würdigen Routenplaner ab, dazu braucht es tiefere Orientierungen, stimmigere Wegmarkierungen. Die innere Lebenskurve des Mannes ist ein solches Modell, das nicht nur den heldenhaften Aufstieg verlängern will, sondern genauso die Phasen des Umbruchs und des Abstiegs in sinnstiftende Zusammenhänge bringen kann. Sie ist eine Art innere Landkarte, die uns besser verstehen lässt, was im Älterwerden in uns vorgeht und vor welchen Weggabelungen wir stehen. Im Anschluss wird es auch um die innere Lebenskurve der Frau gehen. Erst wenn man beide wie Folien übereinanderlegt, wird klar, warum Partnerschaft in der Lebensmitte oft ein eher vermintes Gelände darstellt.

Die Einsicht in die Lebenskurven von Mann und Frau verdanke ich Richard Rohr, der sie früher in seinen Männerseminaren präsentiert hat. Leider liegt von ihm zumindest auf deutsch keine ausführliche Darstellung vor, und die kursierenden Seminarblätter (vgl. Rohr, 2006, 194) sind in ihrer knappen, hochspirituellen Sprache schwer verständlich. Deshalb habe ich versucht, die beiden Modelle in meiner Arbeit mit Männern und Paaren weiterzuentwickeln und sie in eine hoffentlich griffige Sprache zu bringen.

Der Aufstieg des Helden

Geh deinen eigenen Weg,
dann kannst du
nicht überholt werden.

Einen ganzen Tag ritt der junge Parzival einem seichten Bach entlang, den er sich nicht zu überqueren traute. Einer der Ratschläge seiner besorgten Mutter hieß nämlich, er solle dunkle Furten meiden. Dass der Bach keine dunkle Furt war, sondern nur im Schatten lag, konnte der junge Möchtegern-Ritter noch nicht erkennen. Eigentlich sollte er überhaupt bei Mama bleiben und die höfische Gesellschaft nie kennenlernen. Deshalb zog die Mutter nach dem gewaltsamen Tod des Vaters mit dem kleinen Jungen in eine Einöde, um ihn nicht auch noch zu verlieren.

Doch kaum hatte er den ersten Ritter gesehen, war es aus mit ihm, musste er sich aufmachen, kannte er nur noch ein Ziel. Das Ziel steht zunächst noch in weiter Ferne. Irgendwann wird Parzival Gralskönig werden. Vorerst ist wichtig, dass er sich aufmacht. Seine ersten Taten oder besser Untaten sind geprägt von Ahnungslosigkeit, Unwissen und Unreife: Die vom vorangegangenen ehelichen Akt noch leicht schwitzende, im Halbschlummer kaum bedeckt im Zelt liegende Herzogin vergewaltigt er fast in wörtlich angewandter Erinnerung an Mamas Ratschlag: „Wenn du den Ring einer Frau erringen kannst, dann greife zu!" Eigentlich wollte sie ihn ja nur unter der Haube haben. Den roten Ritter, von dessen Rüstung er geblendet ist, erschlägt er meuchlings, um endlich auch zu so einer tollen Rüstung zu kommen. Erst am Hof des weisen Gurnemanz erhält er seine männliche Aufklärung, erfährt er auch, was Anstand und Sitte sind und wie es einem Mann zu kämpfen gestattet ist. Unreif und unfertig macht er sich auf. Genau das ist vorerst aber wichtig, denn junge Männer sind keine Äpfel, die vom Lagern reif werden.

Die innere Lebenskurve des Mannes beginnt zuerst mit einem ziemlich steilen Aufstieg, dem, was in der Mythologie als der Heldenweg oder die Heldenreise geschildert wird. Unzählige Geschichten, Sagen und Legenden bis hin zu den Skripts moderner Hollywoodfilme kreisen um dieses Thema. Der erste Teil der Lebenskurve, der Aufstieg, ist nicht nur gut dokumentiert, dafür gibt es auch unzählige Vorbilder, gelungene und weniger gelungene, Muster, an denen junge Männer sich orientieren können, auch äußerst attraktive Geschichten, die Mut machen. Leider enden diese Mythen immer am Höhepunkt, wenn der Held alles erreicht hat. Die Parzival-Sage läuft darauf hinaus, dass der junge Held, nachdem er reifen und sich bewähren musste, einiges wiedergutzumachen hatte, Ritter der Tafelrunde wurde, heiratete, am Ende dann sogar Gralskönig wurde. Wir erfahren aber nie, wie es dem Herrn Gralskönig in der Lebensmitte geht, wie sich die Partnerschaft von Herrn und Frau König verändert, wenn die Kinder aus dem Haus sind, oder wie der ehemalige Held mit nachlassenden Kräften umgeht. Unzählige Geschichten beschreiben den Aufstieg, kaum eine den Abstieg. Später tauchen die Helden als alter König oder als milder Großvater wieder auf. Wie sie aber dorthin kamen, bleibt offensichtlich im Verborgenen. Darin liegt die Versuchung zu glauben, dass das alles kein Problem sei, sondern nur ein rein fließender Übergang. Viele glauben es auch, bis sie selber dort stehen.

Die Äpfel werden also nicht vom Lagern reif. Es ist wichtig, dass Jungs sich auf den Weg, auf die Socken machen. Wenn die jungen Männer erst mit über dreißig aus dem „Hotel Mama" ausziehen, ist das eine bedenkliche Entwicklung. Sie müssen sich aufmachen, um ihr Potenzial zu entwickeln, die eigene Kraft zu erfahren, die eigenen Möglichkeiten zu entdecken. Das darf aber nicht nur narzisstische Selbstverwirklichung sein. Vielmehr geht es darum, dass sie ihre Verantwortung erkennen, dass sie, und das klingt jetzt sehr altmodisch, auch ihre Pflicht tun, ihrer Aufgabe und vielleicht sogar Berufung nachkommen. Vieles wird aus Versuch und Irrtum bestehen, Sackgassen werden mit dabei sein. Das Schöne an Sackgassen ist aber, dass der Weg hinein auch wieder heraus führt. Man kann darin umkehren, und das ist auf jeden Fall besser, als in den Startblöcken stecken zu bleiben!

Die Rede von Helden ist heute ziemlich madig geworden! In manchen Kreisen traut man sich solche Worte gar nicht mehr in den Mund zu nehmen. Trotzdem ist es immer noch so, dass große Ideen, seien sie fürs Erste noch so verstiegen, ein starker Antrieb für junge Männer sind. Es wäre verhängnisvoll, würde man ihnen alle ihre Träume nehmen, nur weil sie im Moment nicht politisch korrekt scheinen. Es wäre, als würde man ihnen den inneren Motor ausbauen. Allan Guggenbühl beschreibt es treffend an sich selber: „Als Knabe sah ich mich als Kapitän auf einem Kreuzer. In meiner Phantasie bekämpfte ich Piraten in der Karibik. Ich lernte dafür schwimmen. Als Jugendlicher stellte ich mir vor, wie ich als Rocksänger ein Stadion fülle: Tausende Fans würden kommen und meiner Gruppe zuklatschen. Ich lernte Gitarre spielen. Als junger Mann stellte ich mir vor, dass ich eine eigene Schule gründen und einen neuen Ansatz in der

Pädagogik initiieren würde. Ich besuchte das Lehrerseminar. Solche großartigen, mythisch fundierten Phantasien eilten meinem Leben voraus, beseelten mich und gaben mir die Energie, neue Lebensziele anzustreben und die Herausforderungen des Alltags, der Bildung und des Berufs anzunehmen.“ (Guggenbühl, 145)

Der Aufstieg des jungen Mannes ist eine notwendige Zeit des Idealismus, und Ideale waren bekanntlich noch nie sehr realistisch, aber deshalb um nichts weniger notwendig. Es sind hohe Ziele, die sich vielleicht bald als zu hoch erweisen, aber Ziele, die einen Sog entwickeln und damit zum Antrieb werden, etwas zu tun. Genau dieser Motor ist für junge Männer wahrscheinlich essenziell. Selbstverständlich ist vorerst auch viel Unreife dabei, manchmal eine potenziell vielleicht sogar gefährliche Rechthaberei. Doch vieles wird erst wirklich wahr, wenn man es durchlebt hat, und Niederlagen können genauso entscheidend sein wie Siege. Der jugendliche Idealismus ist einseitig, das kann auch gar nicht anders sein. Die Helden denken nur in Schwarz-Weiß, in Gut-Böse, in einer vorerst noch sehr einfach gestrickten Weltsicht von Entweder-oder. Die gegenteilige Gefahr wäre, wenn sie sich gar nicht auf den Weg machten, weil alles so kompliziert ist, wenn sie mutlos werden, weil von ihnen zuviel erwartet wird, wenn sie nicht mehr kämpfen können, weil sie nicht wissen, wofür es sich zu kämpfen lohnt. Die Einseitigkeit des jugendlichen Idealismus sei ihnen von Herzen zugestanden, wenn er ihnen die Kraft und den Mut gibt, ihr Leben in die Hand zu nehmen und für sich und andere etwas daraus zu machen.

Dieser Aufstieg ist heute nicht mehr selbstverständlich, einige Gefahrenzonen tun sich auf in der Landschaft. Drei kritische Felder sollen hier kurz beschrieben werden, über die wir in der Lebensmitte natürlich längst hinweg sind, die uns aber als verantwortungsbewusste Männer (oder Frauen) ein Anliegen sein sollten.

Die zornigen jungen Männer

Frank ist ohne Vater aufgewachsen, die Mutter war oft überfordert mit der Berufstätigkeit und ihrem Buben. Sie leben in einer Stadtrandsiedlung, in der Frank verschiedensten Einflüssen ausgesetzt war. Schon in der Volksschule galt er als Problemkind. Je weniger er dem Unterricht folgen konnte, desto mehr rebellierte er nach dem Motto: „Streber sind doof." In der Hauptschule musste er eine Klasse wiederholen, sein Abschlusszeugnis schaut entsprechend aus. Für viele Bewerbungen um eine Lehrstelle bekam er eine Absage. Als er schließlich eine Lehrstelle fand, brach er sie bald ab, weil er sich nicht einordnen konnte.

Es ist eine Zielgruppe, die zunehmend zum Problemfall wird: „männlich, jung, Hauptschule" – junge Männer mit schlechten Startbedingungen, häufig vaterlos, Jungs, die in der Schule meist Probleme machen und kaum eine qualifizierte Arbeitsstelle bekommen; zumal Lehrstellen in typischen Männerberufen zunehmend wegbrechen. Es sind frustrierte junge Männer, die wenig Perspektiven für ihre persönliche Zukunft haben. Sie hatten auch nie die positive Erfahrung, dass sie durch ihr eigenes Zutun etwas an ihrer Situation verbessern konnten. Schlecht ausgebildete junge Frauen finden vielleicht noch einen Mann, der sie existenziell absichert. Für Frank gibt es diese Möglichkeit kaum. Im Gegenteil: Junge Männer ohne Arbeit finden meist auch keine Frau.

Diese Zielgruppe ist besonders anfällig für Gewalt, Rechtsradikalismus und Ausländerfeindlichkeit. Doch es hilft nichts, sie als Feindbilder aufzubauen oder sie den Rechtsparteien zu überlassen, statt einen Blick und vielleicht sogar ein Herz für sie zu entwickeln. Sie brauchen Förderung und Zuwendung, denn in unserer Erfolgsgesellschaft gibt es nicht nur Gewinner. Sie sind es, die das an der eigenen Haut erfahren. Sie erleben nicht, dass sie aus ihrem Potenzial etwas machen können, sondern erfahren nur Grenzen, Enttäuschungen und Ohnmacht, eine gefährliche Mischung, die explodieren kann. Es sind die zornigen jungen Männer, die, so ist es zumindest zu befürchten, uns in Zukunft noch mehr beschäftigen werden, als uns lieb ist.

Quasi den Gegenpol stellt eine Gruppe von durchgehend meist sehr hoch gebildeten jungen Menschen dar, Männern und mehr noch vielleicht jungen Frauen. In Anspielung an die Midlife-Krise hat sich in der Populärpsychologie der Begriff der Quarterlife-Krise etabliert, einer Krise nach dem ersten Lebensviertel. Im Gegensatz zu den zornigen jungen Männern sind es eher die früh Verbitterten, die Verunsicherten, die viel mitbekommen haben, sich aber fürchten vor den eigenen Schritten aus dem Behütetsein hinaus ins Ungewisse, ins Eigenverantwortliche. Sie kommen durchweg aus intakten Familien, haben studiert oder sonst eine qualifizierte Bildung genossen – und nun wartet draußen niemand auf sie. Intelligent, witzig und tough wirken viele nach außen, nach innen nagt an ihnen immer wieder Angst und Unsicherheit. War das Leben bisher weitgehend selbstbestimmt, sind sie nun im Beruf mit Spielregeln konfrontiert, in denen sie nicht mehr gefragt werden, wie es ihnen dabei geht. Das bunte Gefühlsleben, das während der Ausbildungszeit blühte, ergraut zunehmend in der Konfrontation mit dem beruflichen Alltag. Vieles war ihnen lange vorgegeben, jetzt müssen sie es selber wissen, selber gestalten, selber ihre Strukturen finden. Wenn die Ausbildungszeit lange gedauert hat, kann noch hinzukommen, dass sie sich zwar innerlich noch als Teenager fühlen mögen, gleichzeitig aber sehen, dass andere in ihrem Alter schon längst Familien gegründet haben und sie eigentlich gar nicht mehr jung sind, obwohl das Leben in ihrer eigenen Wahrnehmung noch nicht einmal so richtig begonnen hat.

Wenn sie dann keinen ihren Fähigkeiten entsprechenden Job finden, stellt sich das Gefühl ein, dass sie nicht gut genug seien. Typische Anzeichen sind Frust und Konflikte in Beziehungen sowie in der Arbeitswelt, Identitätskrisen und Unsicherheit in der eigenen Persönlichkeit, Zukunftsängste, Ungewissheit über die bisherigen Leistungen und Erfolge im Leben, das Gefühl, dass alle um einen herum besser und erfolgreicher sind als man selbst. In die Unzufriedenheit mit der beruflichen Stellung mischt sich

Nostalgie und ein Zurückwünschen in die Zeit als Student. Hyperaktivität kann in diesem Zusammenhang durchaus zum Ausdruck einer tiefen inneren Einsamkeit werden.

In einer Arbeitswelt, die zunehmend keine langfristigen Verträge mehr bietet, die oft nur noch aus Projekten und Stellenprozenten besteht, können solche jungen Menschen schwer Wurzeln schlagen. Doch ohne Wurzeln trifft sie die Zukunftsangst umso mehr. Ältere Freunde würden ihnen vielleicht gut tun, und vor allem bräuchten sie in der Arbeitswelt gute, verantwortungsvolle Mentoren, denen sie nichts vorzuspielen brauchen und die ihnen helfen können, ihren Weg zu finden und sich in den Strukturen zu beheimaten. Menschen, die ihnen vermitteln, dass sie an sie glauben.

Die ewigen Kinder

Neverland, das Nimmerland, ist eine sagenhafte Insel und ein Ort, an dem die Kinder nie erwachsen werden. In Neverland gibt es Elfen, Piraten, Indianer, Meerjungfrauen und vor allem Kinder. Man muss nur an etwas glauben, dann passiert es in Neverland, in diesem kindlichen Schlaraffenland. Hauptperson dieses Paradieses ewiger Kindheit ist Peter Pan, der in der Geschichte das einzige Kind bleibt, das niemals erwachsen wird. Die anderen Kinder, die er nach Neverland bringt, haben irgendwann genug und wollen wieder zurück. Auf Dauer produziert ein Schlaraffenland vermutlich nur Übelkeit und Sodbrennen. Dauerglück endet bald im Überdruss, zumal wenn wir nicht selber etwas dazu beitragen können. Neverland wird so zum Inbegriff persönlicher Unreife, einer Entwicklung, die in der Kindheit stecken geblieben ist bzw. nie oder nur marginal stattgefunden hat.

Zunehmend mehr Männer verweigern diesen ersten Aufstieg, den damit vielleicht verbundenen Kampf und die Verantwortung. Sie wollen nicht heraus aus dem „Hotel Mama“, aus einem System, in dem sich alles um sie dreht und sie zum Ganzen kaum etwas beitragen müssen. Wohlstand und Dauerkonsum machen aus ihnen junge Narren, lieb, nett, charmant vielleicht, aber immer unverbindlich, nicht festzumachen und eigentlich auch beziehungsunfähig; außer sie finden einfach eine neue Mama. Im Hintergrund steht die Suche nach der ewigen Jugend, Angst vor dem Älterwerden, Scheu vor Verantwortung und endgültigen Entscheidungen. Die individuelle Freiheit muss um jeden Preis erhalten werden. Die Peter Pans würden am liebsten immer Kinder bleiben. Nicht zufällig nannte Michael Jackson seine eigene Ranch „Neverland".

Es ist der notwendige Weg der Reifung, dass junge Menschen das Revier ihrer Kindheit, ihr Neverland, verlassen, schrittweise vorerst, und dadurch erwachsen werden. Der ewige Knabe, der „puer aeternus", wie ihn Ovid bezeichnet hat, verweigert genau diese Entwicklung und bleibt kindisch. Er verweigert den Aufstieg und will den Weg nicht gehen. Doch die Lebenskurve kann man nicht abkürzen. Es gibt keinen kurzen Schleichpfad vom ewigen Kind zum weisen Mann. Solche Männer bleiben kindisch und wirken auch zunehmend so, wenn der jungenhafte Charme erst einmal verflogen ist.

Eine Variation davon sind die ewigen Pubertierer, die zwar mit einem Bein in der Erwachsenenwelt stehen, aber den zweiten Schritt nicht machen, sondern im Protest gegen die bürgerliche Welt verharren, in der sie sich bewähren sollten. Sie bleiben in einer Art Dauerkrieg gegen alle Regeln, Normen und Erwartungen stecken und kämpfen letztlich auch mit sich selber. In der Regel sind es nicht die wirklichen Aussteiger und Verweigerer, sondern eher jene, die von der Wohlstandsgesellschaft ganz gut leben, gegen die sie aber gleichzeitig in jugendlichem Protest ankämpfen. Dieses Protestgehabe sei allen jungen Menschen von Herzen zugestanden. Es ist der Ausdruck von Aufbruch, Idealismus, Einsatz und Kampf, ein guter Weg hinaus aus dem kindlichen Neverland – doch 20 Jahre später wirkt dasselbe Gehabe nur noch lächerlich.

Zu sich selbst gefunden

Der Löwenjäger erlebt kein Abenteuer
über den dritten Löwen hinaus.
Fernando Pessoa

Unsere persönlichen Lebensläufe sind so unterschiedlich, dass Zahlenangaben nur als Hinweis verstanden werden dürfen. Es macht einen großen Unterschied, ob jemand relativ früh seine Ausbildungsphase beendet, in den Beruf einsteigt und eine Familie gründet, oder ob einer erst um die 30 dabei ist, seinen beruflichen Weg zu finden. Trotzdem, in diesem Sinn als Richtzahl verstanden, erreichen junge Männer im Alter von 32 und 35 so etwas wie ihre eigene Selbstidentität. Dieser Punkt mag weniger spektakulär als eher innerlich von wohligen Gefühlen begleitet sein, dem Gefühl angekommen zu sein, „sich selbst" gefunden zu haben. Sie werden jetzt ruhiger, glauben nicht mehr ständig, irgendwo etwas zu versäumen oder jemandem etwas beweisen zu müssen. Es ist der Eindruck, nun tatsächlich den eigenen Weg gefunden zu haben. Das ist für uns Männer ein gutes Gefühl, denn erst wenn wir unseren eigenen Weg gehen, können wir nicht mehr überholt werden. Damit entstehen eine tiefe innere Ruhe und Kraft.

An diesem Punkt brauchen junge Männer sich selbst nichts mehr vorzumachen, müssen nicht mehr überall der Erste oder Beste sein. Sie wissen, wer sie sind. Sie haben im Normalfall einiges erreicht, auf das sie stolz sind und mit dem sie zufrieden sein können. Den Scheinwerfer können sie abschalten, die Narrenkappe im Schrank lassen und die Stoppuhr an Jüngere abtreten. Wer zu sich gefunden hat, kann auch loslassen, das falsche Ego, jugendliche Aufgeblasenheit und der oberflächliche Glanz verlieren ihre Wirkung. In dieser Phase entwickeln Männer ein angemessenes Selbstwertgefühl und gleichzeitig eine Wahrnehmung der eigenen Grenzen. Sie leben in dieser Phase auch statistisch wesentlich ungefährdeter. Sie können nun auch besser ihre Verantwortung für andere leben. Sie können geben, weil sie schon bekommen haben. Wie schön wäre es, würde es so bleiben bis ans Lebensende!

Die Krise der Begrenztheit

Steigen, steigen,
und man betrachtet,
am Gipfel angelangt,
einen Abgrund.
Antonio Porchia

Wie schön wäre es, würde es so bleiben bis ans Lebensende! Davon gehen eher stillschweigend die meisten Männer aus, wenn sie nicht sogar die Fantasie pflegen, dass es immer weiter nach oben ginge, sich unablässig steigere, immer mehr desselben und natürlich völlig reibungslos, bis – ja, bis wohin? Die Leiter führt nicht in den Himmel, sondern an die Decke. Für den Himmel ist es noch zu früh, der kommt erst viel später, nach dem Abstieg. Was nicht wenige Männer in diesem sogenannten „besten Mannesalter" erleben, ist alles andere als lustig. Nicht selten beginnen in der Phase zwischen 35 und 50 die Dinge zusammenzubrechen. Vermutlich kann man nur in Bildern gut beschreiben, was da geschieht.

Die Sonne geht freudig erwartet morgens auf und wandert ihre Bahn, langsam beginnt sie ihren Aufstieg, bis dieser immer schneller wird und das Licht immer heller leuchtet. Dann kommt die Mittagsstunde, die Sonne steht an ihrem höchsten Punkt und scheint für eine Zeit lang stillzustehen. Doch die Mittagsstunde ist nur der Scheitelpunkt ihrer Bahn, sie ist nicht der Endpunkt, sondern der Wendepunkt – nicht viel anders ist es mit der Lebensmitte.

Den biologischen Knick macht unsere Lebenskurve bereits mit 36 Jahren. Im Alter darüber gibt es keine Spitzensportler mehr, sieht man einmal von Dressurreitern, Thomas Muster und

Michael Schuhmacher ab. Aber auch bei diesen wäre es ein Wunder, könnten sie noch mal ihre frühere Leistung bringen. Männer ab 36 müssen nicht nur viel mehr trainieren, sie haben auch nicht mehr die Schnellkraft, Reaktionsgeschwindigkeit und Kaltschnäuzigkeit eines jungen Mannes – und das ist im Grunde auch gut so. Bei jungen Männern kommt die körperliche Kondition durch die sportliche Tätigkeit wie von selber. Von dieser Erfahrung ging ich selber aus, als ich mit 50 ziemlich unvorbereitet meinte, pilgern gehen zu müssen. Die Kondition kam und kam einfach nicht, und die Qual hörte nicht auf. Nach 36 folgt kein rapider körperlicher Verfall, aber es wird nicht mehr schneller oder besser. Der Körper beginnt, langsam älter zu werden. Für dieselbe Leistung müssen wir nun immer mehr trainieren. Wichtiger ist aber, dass wir uns nun bewusst werden: Wir müssen nicht mehr dieselbe Leistung bringen!

Die Phase, die auf das Erreichen der Selbstidentität folgt, ist eine Krise der Begrenztheit, mehr eine spirituelle Krise als eine körperliche. Es ist eine Krise, die sich in beruflichen wie privaten Feldern oder auch in beiden gleichzeitig abspielen kann. Es ist das durchaus schmerzhafte Erkennen, dass es nicht immer weiter nach oben geht. Nicht selten erleben wir es als eine Zeit inneren Sinnverlustes. Vieles, was bisher wichtig war, zählt nicht mehr, hat seine Bedeutung oder Strahlkraft verloren, trägt nicht mehr. Das, was wir erreicht haben, konnten wir nur erreichen, indem wir anderes nicht getan haben. Manches kam zu kurz und meldet sich nun. In der Rumpelkammer der eigenen Erinnerungen kann es plötzlich ordentlich zu rumpeln beginnen. Das nicht gelebte Leben rührt sich, nicht selten in Form von Depressionen oder zumindest depressiven Verstimmungen, die für den Betroffenen vorerst schwer zu orten sind. Fast wie eine unter der Asche noch glühende Kohle kann hartnäckig und zunehmend die Frage auftauchen: War es das? War das alles?

Ganz neue Erfahrungen von Versagen oder gar Zusammenbruch kommen hinzu, die wir Männer natürlich zuerst gerne verdrängen oder überspielen. Doch zunehmend merken wir, dass unsere Bemühungen, die Macht und die Kontrolle wiederzuerlangen, scheitern. Wir sind nun umso mehr mit unseren eigenen Grenzen konfrontiert. Brüche von außen kommen nicht selten dazu wie Trennungen, Todesfälle oder Probleme in der Arbeitswelt. Das Heldentum früherer Tage funktioniert nicht mehr. Die heldischen Tugenden helfen immer weniger, denn nun sind wir mit Herausforderungen konfrontiert, die nicht mehr mit den bisherigen Waffen bewältigt werden können. Es geht nicht mehr alles mit Kraft. Vermehrter Krafteinsatz nützt wenig, wenn es gilt, sich innerlich zu wandeln und zu reifen.

Nichts anderes aber ist der Sinn dieser Krise der Begrenztheit: die Chance zur Wandlung in Richtung eines reiferen älteren Mannes. Die Rede von den Wechseljahren des Mannes hat weniger im biologisch-hormonellen Bereich ihre Berechtigung als vielmehr in unseren inneren, spirituellen Landschaften. Es ist der allmähliche Wechsel von der aufsteigenden Sonne zur absteigenden, der innere Umbau zur Reifung, zur neuen Gewichtung des eigenen Lebens. Die Klarheit und der Idealismus des jungen Mannes verschwinden allmählich, und an deren Stelle treten Widersprüche und Geheimnisse. Wir lernen, mühsam manchmal, dass das Leben nicht so einfach gestrickt ist, dass es nicht nur das jugendliche Entweder-oder gibt, sondern auch das weise Sowohl-als-auch, dass die Trennungen von Gut und Schlecht, von Falsch und Richtig nicht unbedingt eindeutig sind. Es ist die Herausforderung, sich selber nicht mehr so wichtig zu nehmen, oder eben die Chance, sich nicht mehr so wichtig nehmen zu müssen: zu wachsen in einer neuen Form von Größe, nämlich in Demut und Ehrlichkeit.

Zur Entwarnung: Die Phase zwischen 35 und 50 als Krise der Begrenztheit zu bezeichnen, heißt natürlich nicht, dass das fünfzehn Jahre Dauerleiden sind. Dieser Wechsel kann beim einen sehr schnell gehen, beim anderen lange und mühsam sein, beim einen geht er unspektakulär vonstatten, beim anderen erscheint er als großes Drama mit Folgeerscheinungen. Er kann sich auch früher oder später abspielen. Es kann hier nicht darum gehen, Männern Krisen einzureden, die sie nicht haben oder nicht spüren. Wer sich von dem, was hier beschrieben wird, verschont sieht, darf sich freuen. Wer es nur verdrängt, der wird es vermutlich ein paar Kurven später selber hautnah erfahren.

Trotzdem gilt die Herausforderung für uns alle, wenn wir reife ältere Männer werden wollen und nicht alte Narren. Die Lebensmitte ist eine Phase, in der, krisenhaft oder nicht, die Weichen für die zweite Lebenshälfte gestellt werden. Und der letzte Teil der Lebenskurve ist und bleibt der Abstieg, wie auch die Sonne nach der Mittagsstunde absteigt, nicht plötzlich, aber zunehmend und dann immer schneller. Männer, die das erste Mal mit dem Altern konfrontiert sind, sträuben sich gegen das Wort Abstieg. „Da stellt sich mir alles auf. Könntest du nicht wenigstens ein anderes Wort verwenden!", protestierte ein Seminarteilnehmer mit 40. Der Älteste in der Runde saß nur da mit verschränkten Armen und schmunzelte; er wusste allzu gut, wovon ich sprach. Es hilft nicht viel, wenn wir drumherum reden und die Sache sprachlich kaschieren, statt sich ihr zu stellen. Vielmehr gilt es gute, sinnstiftende und uns Männer ansprechende Bilder zu finden, in denen wir stimmig deuten können, was in uns und mit uns vorgeht. Im selben Seminar meinte ein anderer Teilnehmer zum Thema Abstieg: „Das ist wie beim Alpenverein. Da gilt die Erstbesteigung eines Berges auch erst, wenn man wieder heruntergekommen ist." Zumindest alle alpin Erfahrenen wissen, dass der Abstieg nicht selten mühsamer oder gefährlicher ist als der Aufstieg. Älterwerden ist eben wirklich nichts für Feiglinge.

Noch etwas sollten wir nicht vergessen: Wir dürfen uns Hilfe holen! Auch wenn das natürlich sehr unmännlich klingt. Das größte Problem von uns Männern ist vermutlich, dass wir glauben, kein Problem haben zu dürfen. Und wenn, dann müssen wir wenigstens selber damit fertig werden. Das erinnert an einen alten Western, in dem der Held eine Kugel im Oberschenkel hat, die er – „männlicher" geht es wohl nicht – selber herausoperiert. Die halbe Flasche Whisky trinkt er zur Betäubung, den Rest verwendet er zur Desinfektion. Dann klemmt er sich ein Stück Holz zwischen die Zähne, hält das Messer über die Kerze und bohrt es schließlich in den eigenen Oberschenkel. Diese traditionellen Bilder von Männlichkeit mögen heldenhaft sein, aber sie sind lebensfeindlich. Wir schaden uns damit höchstens selber. Männer sollen und dürfen sich selbst zuliebe Hilfe holen, wenn sie Probleme haben, egal welcher Art, bei einem Arzt, in Beratung oder in Therapie. Und sie dürfen die Form von Hilfe suchen oder sogar einfordern, die ihnen auch wirklich hilft und entspricht; das kann manchmal etwas anderes sein, als es Frauen brauchen.

Bevor es zu weiteren Bildern und Vertiefungen dieser kritischen und gleichzeitig wichtigen Lebensphase geht, noch ein Hinweis: Männerfreunde, gerade auch ältere Männer, die vieles davon schon hinter sich haben, könnten uns gut tun und eine große Hilfe sein. Zum einen beweisen sie uns, dass man das alles überleben kann, und zum anderen haben sie Erfahrungen damit, können uns beruhigen und eine Stütze sein. In einer Umfrage bekannten 70 % der Männer, dass sie keinen echten Freund hätten, nur Kumpel und Kollegen. Dabei würde uns genau das sehr gut tun, denn es gibt Dinge, wo uns ein anderer Mann vielleicht wirkungsvoller unterstützen kann als die eigene Partnerin. Zudem, das Thema folgt etwas später, steckt die Partnerin vielleicht selber gerade in einer ganz anderen Phase und hat gar nicht mehr so viel Verständnis für unser heimliches Jammern. Männerfreundschaften wieder zu kultivieren, wäre in dieser Phase ein Gebot der Stunde, und es ist es wert, Zeit dafür zu investieren.

Die Midlife-Krise

Ich bin fünfzig Jahre,
zu alt für eine Karriere,
zu jung für die Rente
und zu müde für eine Affäre.
Ein Zeitgenosse

„Die Männer in den besten Jahren, die die dicken Autos fahren, stehen auf der Karriereleiter, kommen nicht mehr weiter", beginnt der Song „Midlife-Crisis" von Rainhard Fendrich. Damals ahnte er vermutlich noch nicht, wie sehr ihn der Song selber einholen sollte. Die Midlife-Krise ist inzwischen zum populären Terminus geworden, auch wenn es kein wissenschaftlich definiertes Syndrom ist; dazu dürfte die Krise auch zu vielschichtig sein. Trotzdem wissen alle, wovon die Rede ist, wenn Fendrich weitersingt: „Baggert er bei einem Model, grad so alt wie seine daughter, tanzt er sich zu einem Trottel bei ‚Smoke on the water'. Wenn das kein Beweis ist für die Midlifecrisis." Es ist allerdings leichter, sich über alternde Narren lustig zu machen, als die Krise wirklich ernst zu nehmen. Sie ist keine Krankheit und lässt sich nicht als solche beschreiben, weil die körperlichen Symptome nur Teil eines komplexen Geschehens sind. Selbstverständlich sind das zunehmend spürbare Absinken des Testosteronspiegels, die Veränderungen bei den Ejakulationen, das immer häufigere Urinieren oder der Verlust an Muskelmasse körperliche Veränderungen, mit denen umzugehen Männern nicht ganz leicht fällt. Die ersten grauen Haare, beginnende Gedächtnislücken (sogenannte „milde kognitive Beeinträchtigungen" – im Fachterminus „MCI" – stellen noch lange kein Alzheimer dar!) oder die immer länger werdenden Arme beim Zeitungslesen sind dagegen harmlos.

Virulent wird die Krise meist erst, wenn verschiedene Faktoren um die Lebensmitte zusammenkommen. Die Familiengründung, der Hausbau und die Kindererziehung sind abgeschlossen – Aufgaben, die einen lange Zeit beansprucht und die Ziele vorgegeben haben. Dann spürt man(n) zunehmend, wie der Köper altert. Kleine Leiden treten auf, die man vorher nicht kannte, und dieselbe körperliche Leistung erfordert plötzlich mehr Kraft und Aufwand. Sexuelle Veränderungen können Männer stark verunsichern. Hinzu kommt, dass sich die Partnerschaft nicht selten radikal verändert, wenn die Kinder aus dem Haus sind und die Frau sich im Wechsel befindet. Statt Stabilität und Stütze ist plötzlich Veränderung angesagt!

Im Beruf werden die Aufstiegschancen immer weniger, ab einem bestimmten Alter wird in Angestellte kaum mehr wirklich investiert. Auf Weiterbildung fahren plötzlich die Jungen. Dann kann es sein, dass einem ein viel jüngerer Chef vorgesetzt wird, liebe Gewohnheiten nicht mehr gelten sollen oder die eigene Erfahrung und Kompetenz nicht mehr entsprechend gewürdigt werden. Hinzu kommt, dass wir nun zunehmend mit Krankheiten oder Todesfällen im Bekanntenkreis konfrontiert sind, mit gebrechlichen Eltern oder unmittelbar mit deren Tod.

Natürliche körperliche Veränderungen des Älterwerdens in der Lebensmitte sind nachlassendes Sehvermögen, Vergesslichkeit, Gewichtszunahme, Haarausfall, häufigeres Wasserlassen, das Nachtröpfeln und das Nachlassen sexueller Energie. Schlafstörungen können auftreten, die Ausdauer bei körperlichen Aktivitäten lässt nach und die Regenerationsdauer verlängert sich. Diese Symptome sind aber noch lange keine Midlife-Krise, wenn sie als natürliche Veränderungen des älter werdenden Körpers gesehen werden. Kritische Symptome sind eher im emotionellen Bereich spürbar: zunehmende Gereiztheit und Unzufriedenheit, Angst vor der Zukunft, vielleicht kombiniert mit Schlaflosigkeit, das Gefühl der Unzulänglichkeit, Bedrücktheit, Wut und Trauer, Einsamkeitsgefühle, Rückzug, depressive Verstimmungen bis hin zu starken Depressionen.

Ein Beispiel für solche depressiven Reaktionen ist Andreas: Er ist ein Mann in den besten Jahren und hat eigentlich alles, was man sich wünschen kann: eine Frau, um die ihn andere beneiden, zwei Kinder, auf die er stolz sein kann, eine schöne Wohnung mit großem Garten. Beruflich hat er Karriere gemacht, verdient sehr gut und gilt als angesehen. Alles ist nahezu bilderbuchartig – und doch nur Fassade. Seit Monaten schläft Andreas nur noch mit Schlaftabletten. Seine Frau ahnt kaum etwas davon. Zuvor ist er manchmal in den langen Nächten aufgestanden, hat sich im Badezimmer eingeschlossen und fast lautlos geweint. Seine Augen waren wie ein großer See. Beim Frühstück hieß es dann wieder: zusammenreißen!

Er hat Scheu, mit seiner Frau darüber zu reden. Sie ist nun wieder berufstätig, was er sehr unterstützt, und hat nun selber einiges um die Ohren. Seit dem Wechsel ist sie auch viel eigenständiger, weniger angepasst und nicht mehr nur um sein Wohlsein besorgt. Er will ihr mit seinen Problemen nicht auf die Nerven gehen und möchte keinesfalls, dass sie glaubt, sie hätte einen „Problemhaufen" daheim. Denn sie war eigentlich immer sehr stolz auf ihn. In der Firma ist er in seiner Position zwar nicht gefährdet, aber er hat einen neuen, jüngeren Chef, und es ist für ihn nicht mehr lustig. Was früher war, zählt nicht mehr, alles sollte neu und anders werden. Im Vordergrund stehen die jungen Mitarbeiter, die viel angepasster sind als er mit seiner langen Erfahrung. Er darf gar nicht daran denken, wie lange er so noch arbeiten muss bis zur Pension. Nichts ist mehr, wie es war, und er weiß nicht, wie es weitergehen wird.

Vertrauter, weil offensichtlicher, sind uns die aktivistischen Reaktionen der Midlife-Krise, wie sie Rainhard Fendrich in seinem Song beschreibt, wenn Männer plötzlich alles ändern wollen, gegen alle Zwänge und Einengungen rebellieren, vielleicht sogar die Arbeitsstelle kündigen oder sich von der Partnerin trennen. Manchmal versuchen sie fast gewaltsam aus alten Mustern auszubrechen, entwickeln eine ganz neue Abenteuerlust, neue Hobbys und Interessen. Nicht selten folgt eine neue, meist wesentlich jüngere Partnerin, ein neuer Stil in der Bekleidung, und dann fehlt eigentlich nur noch der Sportwagen. Nicht selten landen Männer bei diesem etwas gewaltsamen Versuch der Erneuerung in Situationen oder Lebensformen, in denen sie sich ein paar Jahre später fragen, ob es wirklich das ist, was sie wollten. Sie spüren, dass sie irgendwie das Kind mit dem Bade ausgeschüttet haben. Meist ist es nicht sinnvoll, alles infrage zu stellen, das ganze Leben, alles, was man(n) erreicht hat, nur negativ zu sehen. Radikale Reaktionen, Hals über Kopf, sind in der Regel eher schädlich als nützlich.

Viele Jahre unseres Lebens sind wir Männer mit dem Aufbau beschäftigt: Wir bauen unsere berufliche Karriere auf, unsere Partnerschaften, unsere Familie, das Haus vielleicht. Und dann, plötzlich, gibt es nichts mehr aufzubauen. Das Haus steht, die Kinder sind schon aus dem Haus, die Partnerschaft verändert sich nur noch, und im Beruf gibt es nicht mehr viel aufregend Neues. In dieser Phase der Lebensmitte tauchen unerwartet ganz neue Fragen auf: „War das alles?" Manch einen überkommt das unheimliche Gefühl, dass das Leben vorbei sei. Dabei gab es früher doch vielfältige Träume und Visionen, von denen selbstverständlich nicht alles umgesetzt werden konnte. Nicht selten reagieren Männer in dieser Phase sehr gereizt, mit Gefühlen von Wut oder auch Trauer, von Unzufriedenheit mit sich und der Welt. Das ungelebte Leben meldet sich, die verloren gegangene Lebensfreude. Wenn vielleicht noch der Verlust der Arbeit, Trennung oder Scheidung dazukommen, tun sich tiefe Abgründe auf. Krisen sind Chancen – aber wenn man gerade mittendrin steckt, ist das ein schwacher Trost.

Die Fiktion, man könnte in die alte Jugendlichkeit zurückkehren, ist ein Trugschluss. Vielmehr gilt es zu erkennen, dass das Leben sich jetzt wandelt. Das Leben ist nicht vorbei, aber die Herausforderung besteht darin, neue Ziele zu finden und die eigenen Werte neu zu definieren. Die Midlife-Krise ist eine Chance, wenn wir sie als Phase der Neuorientierung sehen, der Lebenswende zum Älterwerden, als Weg zu einer neuen Reife. Das heißt aber nicht, dass alles Bisherige nur falsch und schlecht war.

Andreas hat einen guten Psychotherapeuten gefunden, und es war vorerst ein mühsamer Weg aus der Depression, der beiden einiges an Geduld abgerungen hat. Als er wieder Oberwasser hatte, zog er sich für ein Wochenende völlig zurück, um einmal ordentlich Bilanz zu ziehen über sein Leben. Bilanzen zu erstellen, das war ihm aus seiner beruflichen Tätigkeit sehr vertraut, nur hatte er es nie auf sein eigenes Leben angewandt. Er notierte seine eigenen Lebensziele, die alten wie die neu entstandenen. Er schaute, was er alles davon erreicht hatte, war manchmal ganz stolz auf sich selber. Gleichzeitig gelang es ihm, sich von Lebenszielen zu verabschieden, mit etwas Trauer vielleicht Träume loszulassen, die er nicht verwirklichen konnte oder für die es jetzt zu spät war. Er überprüfte die neu auftauchenden Ziele und schaute konsequent, ob ihm diese guttun, innere Freude bereiten oder ob sie jetzt schon begannen, ihn zu belasten. Auch bei den neuen Vorsätzen speckte er einiges ab.

Andreas lernte allmählich, ganz neu oder überhaupt erst so richtig auf seine Gefühle zu achten, auf seine innere Zufriedenheit. Was immer im Bilanzieren auftauchte, maß er daran, ob es ihn irritierte, verunsicherte, belastete oder ob es seine innere Zufriedenheit verstärkte. Auf diesem Weg wurde ihm nachhaltig bewusst, was für ihn wesentlich war und was nicht. Am Ende konnte er seit Langem wieder zuversichtlich nach vorne schauen, auch wenn sich nach außen hin vorerst gar nicht viel verändert hatte, außer dass er sich eine neue Angelrute gekauft hatte, denn die alte im Keller war wirklich nicht mehr zu gebrauchen.

Der Mittagsdämon

An den Scheidewegen des Lebens
stehen keine Wegweiser.
Charlie Chaplin

Im alttestamentlichen Psalm 91,6 ist die Rede von der „Seuche, die wütet am Mittag", was in der ersten griechischen Bibelübersetzung folgenreich mit „daimonion mesembrinon", dem „Mittagsdämon" wiedergegeben wurde. Es ist ein Bild, das die christlichen Wüstenväter in ihrer radikalen Erfahrung der Askese und des einsamen Rückzugs wieder aufnahmen. Ihre Beschreibung erinnert stark an den „Dämon der Lebensmitte". Es wäre verwunderlich, wenn es für eine derart prägende Lebensphase nicht auch kulturgeschichtliche Zeugnisse gäbe. Die Wüstenväter der christlichen Spätantike waren Mönche und Einsiedler, die sich aus dem zunehmend tristen Alltagsleben in die Einsamkeit der ägyptischen Wüste zurückzogen, radikale religiöse Abenteurer würde man heute vielleicht sagen. Einer von ihnen, Euagrios Pontikos, war gleichzeitig literarisch aktiv und verarbeitete seine spirituellen Erfahrungen in schriftlicher Form. In der Beschreibung des Lasters der Akedia, der Trägheit, beschreibt er den Mittagsdämon, als würde er vom Dämon der Lebensmitte reden (vgl. Daiber, 42). Symptome des Mittagsdämons sind Überdruss, Entmutigung, Erstarrung, Gefühllosigkeit, Gram und Angst des Herzens. Gregor der Große fügte später in seiner Beschreibung des Mittagsdämons noch hinzu: Verzweiflung, Verbitterung, Gleichgültigkeit, Schläfrigkeit, Langeweile, Flucht vor sich selbst, Zerstreuung im Gerede und Unruhe des Körpers und Geistes.

Bei Euagrios befällt der Mittagsdämon den Einsiedlermönch regelmäßig zur Mittagszeit. Eine zwanghafte innere Unruhe überfällt ihn. Er hält es an dem Ort nicht mehr aus, will heraus aus seiner Zelle, spürt Verdruss, Hass auf sein Leben, auf andere Mönche, mit denen er sich beraten könnte. Alle erlebt er als verständnislos, jedes andere Leben erscheint ihm in seiner Ungeduld leichter und glücklicher. Nichts, was er tut, ist ihm recht, nichts passt ihm. Es sind die Gleichförmigkeit und Ereignislosigkeit des Daseins, die den Dämon rufen. Das Laster der Trägheit, die Akedia, verführt ihn zum Sichgehenlassen, zur völligen Lustlosigkeit, in der ihn nichts mehr reizt. Kirchenväter beschreiben später mit ähnlichen Worten die Melancholie. „Der vom Überdruss geplagte Einsiedler erscheint wie ein Lasttier, welches an der Vorderseite von der Traurigkeit und Müdigkeit versagten Begehrens gepackt wird und an der Hinterseite von Hass, Wut und Zorn über diese Versagung erfüllt ist." (Daiber, 50)

Dem erfahrenen Umgang der Wüstenväter mit ihren inneren Krisen wurde immer schon therapeutische Bedeutung zugemessen. Zur Bewältigung des Mittagsdämons raten sie erst einmal zu einer klaren Ordnung, die den Tag gut zu strukturieren vermag, zu Ritualen, die den Tag erfüllen können, zu wechselnden Zeiten von Aktivität und Passivität, von Arbeit, Gespräch, Stille und Gebet. Eine klare, vorgegebene Struktur, die man sich nicht zur Mittagszeit neu erfinden muss, ein geordneter Lebensrhythmus ist sehr hilfreich. In einer guten äußeren Ordnung kann die Seele selber besser wieder zur Ordnung kommen. Der nächste, weiterführende Hinweis der Mönche ist, den Dämon anzunehmen, ihn vorerst nicht zu bekämpfen oder gar vor ihm wegzulaufen. Ein konkreter Ratschlag an Mönche, die mit dem Mittagsdämon kämpfen, lautet daher, sich in die Zelle zu setzen und nichts zu tun, nicht einmal zu beten, aber es bei sich auch in der eigenen Unruhe auszuhalten. Schließlich hält Gott den Mönch ja auch aus.

Therapeutisch besonders wirksam kann die sogenannte Türhüterübung sein, wie sie Euagrios beschreibt in Anlehnung an Mk 13,34–37, wo es um den Türhüter geht, der wacht, wann der Herr kommt. Es ist eine Übung der aufmerksamen Selbstbeobachtung, die nicht das seelische Erleben als solches problematisiert und damit möglicherweise verstärkt, sondern auf verschiedene Gedanken fokussiert, die Ursache für die inneren Verstimmungen sein können. Für einen Mann in der Midlife-Krise könnte die Anleitung zur Türsteherübung heute vielleicht so lauten: Nimm dir einmal mindestens eine halbe Stunde Zeit, setz dich an einen ruhigen Ort und versuche nichts zu tun, also auch nicht zu lesen oder über etwas Bestimmtes nachzudenken. Das ist fürs Erste gar nicht so einfach, aber versuch zuerst, einmal etwas zur Ruhe zu kommen. Unweigerlich werden dann verschiedene Gedanken auftauchen. Lass das zu, lass sie kommen. Sie klopfen an die Tür, und du bist dein eigener Türsteher. Du überprüfst und entscheidest, welchen Gedanken du in dich hineinlassen willst. Du kannst jeden Gedanken befragen, wie er es mit dir meint, was er dir vielleicht sagen will, was er für Absichten hat, ob er dir gut gesinnt ist oder eine Art Hausbesetzer, der dir das eigene Hausrecht streitig machen will. Hausbesetzer, die den ganzen Raum einnehmen und dich benebeln wollen, die lässt du als Türsteher schon gar nicht herein. Umgekehrt kannst du auch fragen, was der Gedanke in dir auslöst. Tut er dir gut, macht er dich zufrieden, fühlt er sich wohlig an, stärkend, dann lass ihn herein. Würgt er dich, ist er schwer und will er dich hinunterziehen, gehst du bei ihm in Anspannung oder verdirbt er dir die Freude? Dann lass ihn nicht herein, denn du bist dein eigener Türsteher!

Der Nachmittag des Lebens

Was uns den Weg verlegt,
bringt uns voran.
Albert Camus

Auch der Psychologe C. G. Jung spricht von einem „Mittagsumsturz“ in seinem Aufsatz „Die Lebenswende“, in dem er indirekt das Bild des Mittagsdämons aufgreift und auf die Lebensmitte anwendet. Jung beklagt, dass wir gänzlich unvorbereitet in die zweite Lebenshälfte treten: „Oder wo gibt es irgendwo Schulen, nicht bloß Hoch-, sondern Höhere Schulen für Vierzigjährige, die sie ebenso auf ihr kommendes Leben und seine Anforderungen vorbereiten, wie die gewöhnlichen und Hochschulen unsere jungen Leute in die Kenntnis von Welt und Leben einführen? Nein, aufs tiefste unvorbereitet treten wir in den Lebensnachmittag, schlimmer noch, wir tun es unter der falschen Voraussetzung unserer bisherigen Wahrheiten und Ideale. Wir können den Nachmittag des Lebens nicht nach demselben Programm leben wie den Morgen, denn was am Morgen viel ist, wird am Abend wenig sein, und was am Morgen wahr ist, wird am Abend unwahr sein." (Vgl. zum ganzen Kapitel: Jung, 438–442.)

Das Bild vom Nachmittag des Lebens trifft unsere Lebensform heute vielleicht besser als jenes vom Mittagsdämon. Die Wüstenväter standen nicht nur früh auf, sondern nahmen frühestens am späten Nachmittag die erste Nahrung zu sich. Da ist es verständlich, dass sie der Dämon zur Mittagsstunde trifft. Um das Bild noch etwas weiterzuspinnen: In unserer Lebenskultur ist die Mittagszeit ein vorläufiger Höhepunkt des Tages mit dem Essen als Belohnung und vielleicht noch einer angehängten Mittagspause. Die Mittagszeit funktioniert sehr gut, und am späten Nachmittag kommen die meisten noch einmal so richtig in Hochform, da läuft es wieder. Der Abend ist sowieso gemütlich und entspannend oder abenteuerlich je nach Vorhaben. Dazwischen ist aber immer wieder dieser lederne Nachmittag, an dem irgendwie alles zäher ist, sich Müdigkeit breitmacht, alles nur langsam vorwärtskommt. In diesem Sinn ist die mühevolle Phase der Lebensmitte tatsächlich der Nachmittag des Lebens. Gerade haben wir uns endlich selbst gefunden, waren wir am Höhepunkt, und schon folgt dieser mühsame und nicht selten lustlose Nachmittag des Lebens. Man ist nicht mehr, wo man war, und nirgends, wo man hin möchte, unzufrieden mit sich selber. Am liebsten würde man davonlaufen – aber wohin? Man klagt alles an und weiß eigentlich nicht, was man will.

Das ist natürlich nichts anderes als das, was die Wüstenväter mit dem Zustand der Trägheit beschrieben haben. Vermutlich braucht es aber diesen frühen Nachmittag, damit später die Leichtigkeit kommt. Am frühen Nachmittag wird der Abend des Lebens vorbereitet, und der Nachmittag ist die Brücke zum Abend. Da gibt es dann meistens noch einmal viel Lebendigkeit und eine größere Gelassenheit. Vermutlich, so zumindest die Botschaft der Wüstenväter, müssen wir am trägen Nachmittag mit aller Unruhe lernen, es bei uns selber auszuhalten. Das klingt einfach, ist es aber nicht. Leichter ist es sicher, überaktiv in allen Gassen herumzudampfen, als es bei sich selber auszuhalten. Und manchmal reicht auch das nicht aus. Dann müssen wir in unserem Leben schlicht und einfach etwas greifbar verändern.

„Nicht immer klärt sich im erwachsenen Alter der Wein der Jugend, manchmal trübt er sich auch", schreibt C. G. Jung und macht deutlicht, dass der Sinn des Lebens in der zweiten Lebenshälfte nicht derselbe sein kann wie in der ersten. Der Vormittag des Lebens ist für Jung von den Naturzwecken bestimmt, und er meint damit „die Entwicklung des Individuums, seine Festsetzung und Fortpflanzung in die äußere Welt und die Sorge für die Nachkommenschaft". Die Krise wurzelt für Jung in dem Irrtum, dass dieselben Werte und Zwecke, die bisher galten, auch den Nachmittag des Lebens durchtragen und das Älterwerden damit nur eine Verlängerung der Jugendlichkeit sei. Nur weiterhin Figur zu machen im sozialen Leben und die aufgezogene Nachkommenschaft in passende Ehen und gute Stellungen zu bugsieren, sei zu wenig Lebenszweck für die zweite Lebenshälfte.

Die entscheidende Überlegung für Jung ist: Wo sehen oder suchen Menschen in der Lebensmitte den Zielpunkt ihres Lebens? Der Blick auf die vergangene Jugend ist ein falsches Ideal: „Der Zielpunkt für diese Leute liegt nicht vor, sondern hinter ihnen." Mit der Frage nach dem Zielpunkt des Lebens stößt der Arzt und Psychologe Jung auf die spirituelle Dimension des Lebens: „Ich habe nämlich die Beobachtung gemacht, dass ein zielgerichtetes Leben im Allgemeinen ein besseres, reicheres, gesünderes ist als ein zielloses, und dass es besser ist, mit der Zeit vorwärts als gegen die Zeit rückwärts zu gehen."

Der Krise der Lebensmitte, dem Würgen am Nachmittag des Lebens ist es heilsam, Ziele nach vorne entgegenzusetzen, Ziele eines reiferen Älterwerdens, die nicht rückwärtsgewandt sind, Ziele sogar für den Abend des Lebens. Letztlich kommen wir auch nicht daran vorbei, an die Nacht zu denken, an das Ende des Lebens. Wie immer der Einzelne zur Frage des Todes und der letzten Dinge steht, an der Auseinandersetzung mit der spirituellen Dimension des Lebens, die sich nicht wissenschaftlich klären lässt, kommt kein Mann vorbei. Für C. G. Jung ist die Antwort klar: „Ich bin als Arzt überzeugt, dass es sozusagen hygienischer ist, im Tod ein Ziel zu erblicken, nach dem gestrebt werden sollte, und dass das Sträuben dagegen etwas Ungesundes ist, denn es beraubt die zweite Lebenshälfte ihres Zieles."

C. G. Jung erwähnt, dass Depressionen von Männern um die 40 herum eine gesteigerte Häufigkeit hätten, ein Befund, der heute noch viel krasser ausfällt, auch wenn die klassische Schul-Psychiatrie den Zusammenhang mit der männlichen Lebensmitte erst allmählich beginnt aufzugreifen. In amerikanischen Handbüchern gibt es dann Vorschläge für Cocktails von bis zu zwölf verschiedenen Psychopharmaka, die das Problem lösen für den Rest des Lebens, nimmt man nur täglich den Pharmacocktail zu sich. Doch es handelt sich nicht nur um eine gestörte Gehirnchemie. Es ist das ungelebte Leben, das sich meldet, Verwundungen und Verletzungen, die lange Zeit kaschiert oder überbrückt werden konnten. Geht man bei depressiven Männern therapeutisch nach, stößt man auf vielfältigste Vaterwunden, sei es, weil keiner da war oder weil er fast nie da war, weil er schwach war und dem Sohn nicht die ersehnte Stärkung geben konnte oder weil er gewalttätig war und den Sohn gedemütigt hat. Die nie gelebte und nicht gestattete Wut und Trauer werden zurückgestaut, mit hohem Energieaufwand zurückgehalten, bis nicht selten zur Lebensmitte diese Energie ausgeht. Ähnlich können nicht gelebte Wut und Trauer zu dauerhaftem Selbstmitleid werden und zur Lebensmitte in einer tiefen Depression enden.

Die immer noch aktuellen Männerbilder machen es schwer, mit Depressionen umzugehen, was nicht zuletzt die Schicksale der beiden Fußballer Robert Ehnke und Sebastian Deisler gezeigt haben. Männer haben nicht nur keine Probleme, sondern wenn, dann schon gar keine Psycho-Probleme. Bei vielen Depressionen um die Lebensmitte kommt hinzu, dass rundherum von außen besehen eigentlich alles in Ordnung scheint. Das genannte Beispiel von Andreas ist symptomatisch. Wenn er auch nur andeutungsweise jemandem erzählte, dass es ihm nicht gut gehe, bekam er ständig zu hören: „Ich weiß nicht, was du hast, du hast doch alles!“ Und von seiner Frau hörte er immer wieder das Übliche: „Jetzt reiß dich halt zusammen!“ Es ist vermutlich das Letzte, was einem depressiven Menschen hilft. Aber es zeigt, dass sein Problem, seine Krankheit nicht als solche anerkannt wird, wenn quasi nicht „mehr“ vorliegt, nichts „Sichtbares“. Andreas meinte einmal: „Wenn ich wenigstens Krebs hätte, und wäre es auch tödlich, dann würden immerhin alle verstehen, dass ich krank bin und dass es mir nicht gut geht. Dann würde ich sogar noch Mitleid bekommen!“

Die Midlife-Krise ist für viele Männer eine Realität und nicht nur ein „Jammern auf hohem Niveau“: Wenn man(n) sich mehr als Getriebener fühlt denn als Gestalter seines Lebens, wenn Überforderung, Stress, Existenzsorgen und der Zwang zur permanenten Selbstdarstellung am Männerleben nagen, wenn das Männliche zur Maske wird, weil Niederlagen nicht sein dürfen, wenn man(n) immer volle Leistung bringen muss, weil keine Brüche erlaubt sind – dann schwindet allmählich die Lebensfreude, und der Männerblues macht sich breit nach dem Motto „Perfekt und unglücklich!“. Man kreist dann nur noch um sich selber. Mit der Zeit wird der Kreis zu einer Spirale, die immer weiter hinunterzieht in ein tiefes Loch. Eine Niederlage kann aber auch zu neuen Ufern führen, wenn man wieder Tritt fasst!

Krisen müssen im Männerleben einfach auch als Realität akzeptiert werden! Von uns selber wie von der Gesellschaft. Für Depressionen gilt das in ganz besonderer Weise – auch wenn das Haus noch steht, die Kinder gedeihen und die Ehe noch aufrecht ist. Das Leiden dieser Männer gilt es noch mehr wahrzunehmen und zu sehen! Nicht selten passiert es, dass Männer eine Depression als Burnout ausgeben. Für ein Burnout braucht man sich heute nicht mehr zu schämen. Da hat man(n) eben zu viel gearbeitet. Mit solchen Vorwürfen können Männer leben, und zudem gibt es wenigstens einen greifbaren Grund. Ein Burnout kann mit Depressionen einhergehen, muss es aber nicht. Burnout und Depression sind eher verschiedene Bewegungen. Depression ist eine ständige Bewegung nach unten, eine Bewegung, gegen die die Betroffenen zunehmend die Kraft verlieren. Sie würden sich am liebsten in den hintersten Winkel verziehen und ewig schlafen. Burnout ist dagegen eher eine endlose Bewegung immer weiter, bis der Motor zu stocken beginnt und irgendwann einfach aussetzt, stehen bleibt und nichts mehr geht. Solche Männer würden sich immer weiter bewegen, bis sie umfallen. Es sind verschiedene Bewegungen mit unterschiedlichen Ursachen. Jedenfalls ist es an der Zeit, in der Fachwelt wie in der Öffentlichkeit zu erkennen, dass gerade bei Männern Depressionen eine ganz spezifische Erkrankung am Nachmittag des Lebens sein können und dass die Betroffenen geduldige, nachhaltige Hilfe verdienen.

Mein Pilgern – mein Scheitern

Man muss sich von sich selbst nicht alles gefallen lassen.
Viktor Frankl

Fraglos gibt es Männer, die die Phase der Lebensmitte und der Begrenztheit ohne zumindest handgreifliche Krisen überstehen. Lange hielt ich mich für ein solches Sonntagskind, zumal ich den 50. Geburtstag scheinbar abgeklärt hinter mich gebracht hatte. Vielleicht hegte ich im Hinterkopf die anmaßende Vermutung, dass ich als Profi, der anderen Männern Ratschläge erteilt, selber davon verschont bleiben würde. Wie beruhigend letztlich, dass gerade die Profis sich so irren können! Berufliche Umstrukturierungen waren der Auslöser, damit verbundene Kränkungen und mangelnde Würdigung führten zu meiner eigenen Krise. Mit einer zweiwöchigen Pilgerfahrt war ich überzeugt, die Krise bewältigen zu können. Doch danach war alles noch schlimmer.

Eines Tages saß ich im Büro, starrte nur noch die Wand an, nichts ging mehr, „rien ne va plus". „Dann schreib wenigstens auf, wie es dir geht, wenn du sonst nichts mehr kannst", war der erste gedankliche Rettungsanker, und die Geschichte, wie sie damals entstand, soll hier als Illustration dienen für Erfahrungen des Scheiterns, wie sie vielen Männern in der Lebensmitte nicht fremd sind. Jedenfalls bekam ich noch nie so viele Rückmeldungen wie auf diese Geschichte.

Meine persönliche Geschichte des Pilgerns, um es gleich vorwegzunehmen, ist eigentlich eine Geschichte des Scheiterns. Doch erst mal zurück zum Anfang: Schon länger hatte ich das Gefühl, etwas für mich selber tun zu müssen, unbefriedigende Dinge im beruflichen Umfeld, Fragen der inneren Motivation und der persönlichen Zukunft, das Gefühl, viel zu geben und dafür nachtanken zu müssen. Ich hätte auf Kur gehen können, was meinem Blutdruck und Zuckerspiegel gut getan hätte, aber ich habe nach etwas Spirituellem gesucht, um auch in der Tiefe Dinge zu klären und die Speicher wieder füllen zu können. Und was liegt da heute näher als das Pilgern. Noch dazu bekam ich das Angebot, auf den neuen Franziskusweg mitzugehen. Das war nun wirklich mein Thema.

Und dann kam – wie so oft im Leben – vieles anders, als man denkt. Und vermutlich hatte ich auch falsch gedacht. Zwölf ganz unterschiedliche Menschen, Männer wie Frauen, waren zwei Wochen miteinander unterwegs, sind zusammengewachsen, „zusammengepilgert" sozusagen. Diese Menschen sind es, die mir am ehesten fehlen, und ich freue mich, wenn ich sie einmal wieder sehe. Reinhard zum Beispiel, mit dem ich viele Stunden im selben Rhythmus und im schweigenden Einverständnis vorneweg gegangen bin und mit dem ich viele Nächte das Zimmer geteilt habe. Als wir nach stundenlangem Aufstieg im Nebelregen durch lehmige Schotterpfade bei der Einsiedlerin standen, die anderen sich an den Ziegen erfreuten und wir beide sahen, dass wir nur noch fröstelten, gingen wir stillschweigend los. Vielleicht habe ich ihn an diesem Tag ein Stück mit hinaufgezogen, bis wir dann am späten Nachmittag in der Unterkunft bei Tee und Brandy saßen und uns langsam wieder rundherum warm wurde. Drei Tage später war ich dann so fertig, dass ich heimlich zum Busbahnhof ging und dort feststellen musste, dass am nächsten Tag wegen des italienischen Feiertags keine Busse fuhren. Ich hatte im Bauch eine Mischung aus Enttäuschung, Wut und einer Spur Verzweiflung. Da war es wieder Reinhard, der bei einem Glas Weißwein auf der sonnigen Piazza meinte: „Schau, Markus, bis hierher haben wir es auch geschafft, und du wirst sehen, diese große Etappe morgen werden wir auch noch schaffen." Das hat gutgetan, und wir haben sie geschafft.

Ich hätte nicht geglaubt, dass auf dem Franziskusweg die Frage „Wie schaffe ich es?" für mich derart in den Vordergrund treten würde. Die etwa 250 km und 10.000 Höhenmeter in elf Gehtagen waren für mich ganz einfach eine körperliche Überforderung. Spirituelle Momente hatte ich zu Beginn in der Einsiedelei La Verna, später, als ich einmal mit dem Bus abkürzte und am Nachmittag ein paar Stunden für mich hatte, und ähnlich am letzten Tag in Assisi. Der Rest bestand eigentlich nur aus körperlichen Mühen, am Vormittag und bei gutem Wetter noch relativ lustvoll, am Nachmittag nur noch hoffend, es bis zum Ziel zu schaffen, während die Beine brannten und der Rucksack immer schwerer wurde. Abends in den Unterkünften war ich aufgrund der Schmerzen am Fuß nur noch mit seltsamen Verrenkungen zum Gehen fähig; dabei waren es gar keine Blasen.

Der Weg ist das Ziel. Damals konnte ich es nicht mehr hören, denn das Ankommen war über Tage mein einziges Ziel! Eigentlich hatte ich gehofft, mich buchstäblich leer laufen zu können, das eigene Denken einmal loszulassen, um zu schauen, was dann kommt, neugierig auf Neues. Vielleicht waren das meine unbeholfenen Fantasien als Noch-nicht-Pilger. Meine Pilgerrealität jedenfalls war anders. Oft und oft habe ich mir vorgesagt: Nur nicht nachdenken, sonst wirst du verrückt. Nur gehen, nicht denken, nur gehen, nicht denken … Zugegeben, so hatte ich es mir nicht vorgestellt.

Die letzte Etappe wollte ich nicht auslassen, denn da ging es unserem Ziel Assisi entgegen. Vielleicht habe ich heimlich davon geträumt, nach all den Strapazen quasi als Sieger in die Stadt des legendären Heiligen einziehen zu können, eine Männerfantasie eben. Doch den Großteil der Etappe gingen wir in strömendem Regen. Als die Basilika schon zum Greifen nahe auf dem nächsten Hügel lag, ging es noch einmal hinunter ins nächste Bachbett und auf der anderen Seite wieder weit hinauf zum Stadttor, dann tropfnass vorbei an den Touristen mit Regenschirmen, hinten hinaus zur Stadt und mit nassen Hosen bei kaltem Wind noch mal hinauf zur Unterkunft. So verstummt war unsere Pilgergruppe vermutlich nie wie in diesen letzten 20 Minuten.

Natürlich war da, nachdem alles vorbei war, so etwas wie ein gewisser Stolz, eine innere Befriedigung, es doch geschafft zu haben. Es waren Grenzerfahrungen. Damit habe ich mich selber getröstet, als ich doch etwas enttäuscht und ernüchtert vom Pilgern wieder zuhause war. Und eine Zeit lang war ich doch froh, diese körperlichen Grenzerfahrungen gemacht zu haben, obwohl mir die Füße immer noch wehtaten und für mich der spirituelle Sinn des Ganzen mit vielen Fragezeichen versehen war. Irgendwann landete ich wegen meiner Füße in der Spitalsambulanz mit der Diagnose: Fersensporn, eine Abnutzungserscheinung meiner Senkfüße, die durch die extreme Belastung des Pilgerns gereizt worden waren. Sechs Wochen Wanderverbot und Schuheinlagen für den Rest meines Lebens, hieß es zumindest nach der Diagnose. Frage an den Arzt: „Dann wäre ich besser nicht pilgern gegangen?“ Antwort: „Ja.“

Ich war wütend, auf mich selber und das Pilgern. Soviel hatte ich mir erwartet und stattdessen den eigenen Körper nachhaltig geschädigt. Die letzten Tage waren sicher nicht die lustigsten in meinem Leben. Enttäuscht und zornig, gleichzeitig verletzt und auch dünnhäutig, motivationslos und deprimiert. Arbeit und Alltag kosteten mich phasenweise ungekannte Mühen. Geglaubt hatte ich, dass ich voll getankt und innerlich wie äußerlich vor Kraft strotzend zurückkehre. Stattdessen das Gegenteil.

Midlife-Krise in Kurzfassung? Übrigens hat Franz von Assisi in größeren Dimensionen Ähnliches erlebt, als er fast größenwahnsinnig den Sultan bekehren wollte und stattdessen krank zurückkam. Nein, vergleichen will ich mich nicht, aber man sucht einen Sinn. Dass auch das Scheitern zum Leben gehört, hatte ich oft genug den Männern gepredigt. Nun kam es mir trotzdem schal vor.

Manchmal sitze ich da und warte und weiß nicht worauf. Es wird kein Retter zur Tür hereinkommen und mich erlösen. Ich muss da durch. Vielleicht ist es das, was mich das Pilgern gelehrt hat? Weitergehen, auch wenn die Füße wehtun? Ankommen ist das Ziel, auch wenn ich nicht weiß, wo es sein wird?

Soweit meine Pilgergeschichte. Und manchmal stößt man dann im Leben in einer entscheidenden Situation wirklich auf einen Engel. Für mich war es ein Physiotherapeut, der sich mehr Zeit für mich nehmen konnte als der Unfallchirurg oder später der Orthopäde. Er zeigte mir, dass ich keinen Fersensporn hatte, sondern eine alte Fehlhaltung, die dazu führte, dass durch die Anstrengungen des Pilgerns eine Sehne überbeansprucht wurde, eine Fehlhaltung, die im höheren Alter noch viel gravierendere Folgen haben würde. Man erbt nicht nur Grundstücke, lautet ein Sprichwort. Meine Mutter konnte sich trotz dreier Knieoperationen nur noch mühsam am Rollator bewegen. Mithilfe des Therapeuten wurde es mir möglich, die Fehlhaltung zu korrigieren, ich gehe heute völlig anders. Das Verrückte ist aber: Ich muss nachträglich froh sein um die schmerzhaften Erfahrungen, dankbar, weil mir damit im Alter mitunter viel erspart bleibt. So ist es mit spirituellen Grenzerfahrungen: Man muss mit allem rechnen, hinter jeder Kurve kann es wieder anders aussehen, und was im Moment schmerzhaft ist, kann im nächsten Moment rettend sein.

Das Scheitern ist gerade für Männer eine Grenzerfahrung, deren spirituelle Bedeutung sich uns anfangs kaum erschließt, sondern nur schmerzhaft und peinlich ist. In der Lebensmitte ist es eine der großen Herausforderungen, wie wir mit dem Scheitern umgehen. Wenn wir die Brüche annehmen, zum Scheitern stehen, kann es sich wandeln. Das Scheitern kann uns wecken aus dem Dahindämmern, uns aufmerksam und sensibel machen für die Vielfalt des Lebens, für die Tiefe und die Zwischentöne. Es hilft uns, den Zwang männlicher Perfektion zu brechen, uns im

Unperfekten einzurichten und dabei immer zufriedener zu werden. Klar, grundsätzlich hätten wir es lieber ohne Schicksalsschläge und natürlich schmerzfrei. Aber würden wir es dann annehmen? Irgendwo gibt es da ein Sprichwort von wegen „hartem Keil und hartem Klotz".

Normalerweise bestehen Biografien prominenter Personen aus der Aneinanderreihung verschiedener Erfolge. Der Liedermacher Konstantin Wecker hat zu seinem 60. Geburtstag eine Autobiografie vorgelegt, die er bewusst übertitelt mit: Die Kunst des Scheiterns. „Dass das Scheitern derart ausgeklammert wird aus der Biografie des modernen Menschen", meint Wecker, „als wäre es anstößig und unmoralisch, als ginge es immer darum, zu den Gewinnern zu gehören, halte ich für gefährlich. Wir verlieren dadurch den selbstverständlichen Umgang mit unserer eigenen Geschichte und verschenken die Chance, wirklich erwachsen zu werden." Er selber ist oft genug gescheitert und weiß, wovon er spricht. Nicht zuletzt bewahrte ihn das Gefängnis vor dem sicheren Tod, denn seinen massiven Kokain-Konsum hätte er nicht mehr lange überlebt. Er ist durch die vielen Krisen und durch sein vielfältiges Scheitern nicht nur erwachsener geworden, sondern auch reifer und weiser. Viele seiner Betrachtungen sind sehr berührend und tief, wenn es ums Scheitern geht, um Erfolg und Krisen, um Sterben und Tod, um verpfuschtes Leben und Glück, um Liebe und Gott. In den eingefügten Liedtexten oder Gedichten wird deutlich, dass er als Künstler vermutlich immer schon weiser war wie als Mensch.

Konstantin Wecker ist in allem politischen Engagement gleichzeitig ein sehr spiritueller Mensch, wenn auch weitab von kirchlicher Frömmigkeit. Am Ende des Buches geht es um die Frage des Lebens nach dem Tod, mit dem Wecker heftig spekuliert. Was C. G. Jung als Arzt nur dezent andeutet, spricht Wecker auf erfrischende Art sehr direkt aus: „Ich hoffe, mir bleibt noch viel Zeit, um mich in der Kunst des Scheiterns zu üben und dann beim Finale für das Abenteuer Tod gewappnet zu sein. Und da nun mal definitiv niemand beweisen kann, was nachher passiert, halte ich es für legitim, sich das Schönste auszusuchen. Vielleicht wird einem dann ja genau das Schloss gebaut, das man sich im Geiste errichtet hat, und da wäre es doch töricht, aus reiner Hybris darauf zu verzichten, dass einen Engel dereinst liebend umfangen werden. Na also."

Der verweigerte Abstieg

Spätestens mit 50
sollte man sich entscheiden,
ob man seine Jugend oder
sein Alter verlängern will.
Bill Mockridge

Der Abstieg, der Weg in die reifere Phase des Lebens, ist tatsächlich nichts für Feiglinge; und was das alles in der Partnerschaft bedeutet, ist hier noch gar nicht abgehandelt. Deshalb gibt es für Männer auch Verlockungen, diesen Abstieg zu vermeiden. Was die Landkarte der zweiten Lebenshälfte anbelangt, sind das nicht selten die besonders ausgetretenen Pfade. Der eine ist der Stillstand, der andere der Weg zurück. Manchmal ist das Leiden leichter als das Handeln. Manche können sich darin fast wohnlich einrichten, wenn auch mit ziemlich selbstgezimmerten Möbeln. Das ist der Weg in die Verbitterung. Anderen wieder scheint die vermeintliche Flucht nach vorne die beste Lösung, und sie merken nicht, dass sie eigentlich nach hinten flüchten in die vergangene Jugendlichkeit und zunehmend zum alten Narren werden. Auf dem Weg des Älterwerdens gibt es ganz einfach auch einige Irrwege, die meist gar nicht sehr versteckt sind, ein paar Abzweigungen, wo man am liebsten ein Gefahrenschild aufstellen möchte oder gleich das Schild: Sackgasse! Darum sind die folgenden Skizzen vielleicht etwas grell gezeichnet, aber wenn man „Stopp!" ruft, tut man das normalerweise auch nicht im Flüsterton.

Der alte Narr

Wenn wir ehrlich sind, gibt es vermutlich mehr alte Narren als wirklich weise alte Männer. Es ist auch gar nicht so einfach, diesem verlockenden Irrweg zu entkommen. Dieser Versuchung unterliegen vor allem Männer, die beharrlich so weitertun, als ob nichts wäre. Der tolle Hecht kriegt zwar graue Haare und Bauchfalten, aber Hauptsache, er hält sich immer noch für einen tollen Hecht. Zudem kann man ja „anti-agen" und gegen Bauchfalten etwas tun. Wem sollte sonst die Anti-Aging-Industrie das ganze Zeug andrehen? Riesige Wirtschaftszweige leben heute davon, dass wir nicht älter werden wollen.

Doch es ist nicht nur so, dass sich so mancher immer noch für einen tollen Hecht hält, sondern er muss auch mit viel Energie nach außen hin diese Fiktion aufrechterhalten. Der zumindest noch amtierende italienische Ministerpräsident lässt Tag für Tag die ganze Weltöffentlichkeit auf fast schon tragikomische Weise an diesen Bemühungen und Eskapaden teilhaben. Man hat wirklich den Eindruck, er sei der Einzige, der es nicht merkt; andererseits wird er auch gewählt. Der Stress, uns weiterhin ständig als besonders tollen Mann zu beweisen, ist nicht nur unendlich mühsam, sondern er lässt uns zunehmend als hohl erscheinen. Nur der alte Narr glaubt, dass die junge Blondine bei ihm im roten Porsche ihn liebt und nicht seine Geldtasche oder sein Image. Da ist sie blond und er blauäugig.

Wir erleben derzeit einen fast zwanghaften Jugendlichkeitskult, und genau deshalb ist dieser Weg so verführerisch. Da stehen die meisten Werbeschilder, bunte Leuchtreklamen winken im Hintergrund, es duftet nach jugendlichem Heldenschweiß, der jetzt das Parfum des Alters sein soll, es locken netzbestrumpfte Frauenbeine, schon die Spiegel sind auf diesem Weg vermutlich geliftet, und überhaupt scheint die Straße sehr belebt zu sein. Wenn es dann auch noch in der eigenen Partnerschaft zunehmend knarrt und der eigene Testosteronspiegel immer wahrnehmbarer im Sinken begriffen ist, scheint bei einigen Männern ein Partnerwechsel angesagt. Das kann im Einzelfall ein richtiger

Schritt sein, auch eine möglicherweise gelingende neue Beziehung zu einer wesentlich jüngeren Frau. Nicht selten aber finden sich die Männer über kurz oder lang in Situationen wieder, die ihnen nur allzu bekannt vorkommen. Nur die Reizdosis zu erhöhen, ist selten eine Lösung für Probleme des Älterwerdens. Was vorerst wie die Rettung in die Jugendlichkeit scheint, kann sehr schnell auch für Männer zur Überforderung werden. Zudem ist es bei den selbstbewussten jungen Frauen heute eher unwahrscheinlich, dass sie auf Dauer die nie widersprechende Fürsorgerin des alternden Herrn bleiben. Wenn allerdings das Pendant dazu, ein Ratgeber für Frauen, wie er sich nennt, den Titel trägt „50 plus und endlich allein", dann liegt das vermutlich auf einer vergleichbaren Reaktionsstufe.

Sehr viele Attrappen stehen auf dem Irrweg des alten Narren, potemkinsche Dörfer, Fassaden, die hohl sind und zunehmend lächerlich wirken. Der alte Narr glaubt, dass es immer so weiter gehe, immer aufwärts. Er kommt aus dem Sich-Beweisen nicht heraus, versucht gleichsam immer weiterzuklettern und erreicht „es" doch nie. Er rennt nach vorne, aber rückwärtsgewandt, denn sein Ziel liegt hinten. Er kann „es" nicht erreichen, weil es hinter ihm liegt, weil er sich für die zweite Lebenshälfte keine lebbaren und lebensfreundlichen Ziele gesteckt hat.

Der Weg in die Verbitterung

Daneben gibt es Männer, die sich gegen ihr Leben und die Veränderungen stellen, gleichsam in Konfrontation mit ihrem Schicksal gehen und damit letztlich in der Verbitterung landen. Es scheint gerade in der Krise der Lebensmitte der nächste Weg zu sein, die Resignation, schicksalhaft und aussichtslos: „Man(n) kann eh nichts machen!" Man stellt sich nicht dem Schicksal, sondern ergibt sich gleichsam. Man lässt sich nicht wandeln, kommt im Schmerz nicht zur Erleuchtung und ringt nicht mit dem Engel um den Segen, wie Rilke sagen würde. Solche Männer hadern mit ihrem Leben und der Krise und bleiben in ihr gefangen!

Zwei verschiedene Spuren gibt es offensichtlich auf diesem Weg in die Verbitterung. Die eine führt letzten Endes in eine ausgetrocknete Wüste. Es sind jene Männer, die sich vor allem gegen die depressiven Verstimmungen nicht mehr wehren oder nicht mehr wehren können und darin stecken bleiben. Symbolisch gesprochen vertrocknen sie tatsächlich. Mit der Zeit geht jede Lebensfreude verloren, jeder Humor, nichts macht mehr Spaß, alles erscheint nur belanglos oder oberflächlich, kein Schmunzeln huscht mehr über ihr Gesicht. Sie haben zwar noch Hunger, aber keinen Appetit mehr. Sie leben noch, und das kann lange so gehen, aber es macht keine Freude mehr.

Die zweite Spur ist angriffiger. Sie versuchen nicht aus ihrer Krise herauszukommen, aber sie suchen nach Schuldigen. Das beruhigt wenigstens. Statt sich selber bei der Nase zu nehmen, befinden sich diese Männer im Kriegszustand mit Gott und der Welt. Überall finden sie Schuldige und betäuben mit dieser Droge sich selbst. Solche Männer leben ihren inneren Schmerz nach außen aus, aber völlig negativ, indem sie zynisch werden. Humor ist eine tiefe Liebe zum Leben, Zynismus dessen Gegenteil. Sie verbittern in dieser buchstäblich galligen Form. In der antiken Medizin wurde die Melancholie auf die verbrannte, schwarze Galle zurückgeführt. Bleibt man bei dieser Symbolik, so wäre das die erste Spur, während man der zweiten die frische, (gift)grüne Galle zuordnen müsste.

An dieser Stelle aber noch mal der Hinweis, dass Sackgassen auf dem Lebensweg nicht aussichtslos sein müssen. Es ist immer wieder möglich, Weichenstellungen vorzunehmen, eine neue Spur zu suchen oder schlicht und einfach umzukehren. C. G. Jung schildert im Aufsatz über „Die Lebensmitte“ durchaus humorvoll einen Mann, der es offensichtlich sogar geschafft hat, aus der Verbitterung direkt zum alten Narren zu wechseln, ein Salto seitwärts gleichsam: „Ich weiß von einem frommen Mann, der Kirchenvorsteher war und ungefähr von 40 an sich in eine unerträgliche moralische und religiöse Unduldsamkeit hineinsteigerte. Dabei verdüsterte sich sein Gemüt zusehends. Er war schließlich nichts mehr als eine finster dreinschauende Säule der Kirche. So brachte er es auf 55 Jahre, wo er einmal, mitten in der Nacht, sich plötzlich im Bett aufsetzte und zu seiner Frau sagte: Jetzt hab' ich's heraus. Ich bin eigentlich ein Lump. Diese Selbsterkenntnis blieb praktisch nicht ohne Folgen. Er verbrachte die letzten Jahre seines Lebens in Saus und Braus, wobei auch ein großer Teil seines Vermögens draufging. Offenbar ein nicht ganz unsympathischer Mensch, der beider Extreme fähig war!" (435)

Zur Besinnung kommen

Als ich mich selbst zu lieben begann,
habe ich aufgehört,
mich nach einem anderen Leben zu sehnen,
und konnte sehen, dass alles um mich herum
eine Aufforderung zum Wachsen war.
Charlie Chaplin

Hauptsache gesund! Wenn es nur so einfach wäre. Das Leben erspart uns in der zweiten Hälfte nicht die Frage, was wir wollen. Da reicht Gesundheit als Selbstzweck nicht aus. Die propagierte Vision des achtzigjährigen, hochpotenten Waschbrettbauchs überdeckt die wahren Freuden und Hoffnungen der Männer ebenso wie ihre Trauer und ihre Ängste. Gesundheit in einem ganzheitlichen Sinn kann sich nicht auf die Angebote der Gesundheitsindustrie beschränken. Fit sein ist das eine, heil sein in einer umfassenden Perspektive das andere. Dazu müssen wir Männer uns vermehrt den entscheidenden Fragen unseres Lebens stellen: Was ist mir wirklich wichtig? Welche Werte gelten für mich in meinem Leben? Woran möchte ich mich orientieren, und was sind meine wahren Ziele? Was kommt vor dem anderen? Was sind meine persönlichen Wünsche, Bedürfnisse und Sehnsüchte? Was gilt es noch zu erledigen?

Das Leben ist kein Selbstbedienungsladen und schon gar nicht eine Einrichtung mit Glücksgarantie. Es steht auch nirgends geschrieben, dass das Leben gerecht sei. Darum braucht es einen guten Umgang mit den Verletzungen, die das Leben mit sich bringt. Wir Männer tendieren schnell dazu, das Leiden erklären oder reparieren zu wollen. Doch Erklärungen dienen im Grunde nur der Beruhigung, heilend sind sie nicht. Reparieren kann man ein Auto und natürlich manche Verletzungen des Körpers. Die Seele aber kann man nicht reparieren, die muss sich wandeln. Sich dem Leiden zu stellen, ist die größte Chance zur Wandlung. Bei Männern ist Wut oft nichts anderes als nicht eingestandene Trauer. Sie glauben, sie seien wütend, aber sie sind traurig. Dahinter liegt oft ein Schmerz, der überspielt oder auf andere übertragen wird; vielleicht sogar aus Angst vor dem Schmerz. Es mag pathetisch klingen, das Leiden der Männerseele hat meist ein gewisses Pathos, aber wenn wir trauern können, nichts erklären, nichts reparieren, nur trauern, dann können wir den Schmerz halten, bis er uns gelehrt hat, was er uns sagen will. Dann kann uns der Schmerz verwandeln. Männer müssen sich spätestens ab der Lebensmitte dem Ungelebten stellen, dem eigenen Schatten, die Wunden reinigen, statt sie zu verdrängen oder zu bekämpfen, sie heiligen lassen und die Asche des eigenen Lebens mithereinnehmen.

Franz von Assisi zum Beispiel hat alle Höhen und Tiefschläge eines Männerlebens fast exemplarisch durchlebt. Damit ihm das Feuer nicht ausging, hat er sich zwischendurch aus dem Wanderleben immer wieder für eine bestimmte Zeit in Einsiedeleien zurückgezogen, um ganz bei sich zu sein, aufzutanken und sich den brennenden eigenen Fragen zu stellen. Solche „Einsiedeleien" könnten für uns Männer heute etwas Heilsames sein, egal was es für den Einzelnen konkret sein mag. Wir Männer brauchen Rückzugsorte, wo wir zu uns selbst kommen können, Zeiten der Stille, damit sich in uns etwas tun kann, Zeiten der Bedürftigkeit, in denen wir unsere Grenzen spüren und lernen, mit ihnen umzugehen, vielleicht sogar Zeiten der Finsternis, damit wir uns über uns selber klarer werden.

Vom Berg Athos wird folgende Geschichte erzählt: Eines Tages kamen Männer zu einem einsamen Mönch. Sie fragten ihn:

„Welchen Sinn hat dein Leben in der Stille?" Der Mönch war eben dabei, Wasser aus einem Brunnen zu schöpfen. Er sagte: „Schaut in den Brunnen! Was seht ihr?" Sie blickten in den tiefen Brunnen: „Wir sehen nichts." Nach einer kurzen Weile forderte der Mönch seine Besucher wieder auf: „Schaut in den Brunnen! Was seht ihr?" Die Männer blickten wieder hinunter. „Jetzt sehen wir uns selber!" Der Mönch sprach: „Zuerst war das Wasser unruhig, jetzt ist es ruhig. Das ist die Erfahrung der Stille: Man sieht sich selbst!"

Mit dem Engel ringen

Um das Pathos noch etwas weiter zu spinnen: Wir können unser Scheitern, unseren Schmerz, unsere Schuld ebenso wie unsere Verletzungen in eine spirituelle Dimension bringen, um daran zu wachsen, zu reifen und gesegnet daraus hervorzugehen. Ein Paradigma dafür ist die Geschichte von Jakobs Kampf mit Gott aus dem Buch Genesis im Alten Testament (Gen 32,23-33). Sie spielt auf dem Höhepunkt einer Krisensituation. Jakob hat lange Zeit im Ausland verbracht, weil er seinem älteren Bruder mithilfe der Mutter das Erstgeburtsrecht abluchste und anschließend flüchten musste. Im Exil hat er gearbeitet, seine Frauen gefunden und Kinder bekommen. Nun zieht es ihn wieder in seine Heimat. Er ist sich seiner schuldhaften Vergangenheit bewusst und weiß, dass er auf seinen unversöhnten Bruder treffen wird. Als er hört, dass sein Bruder, seine eigene Vergangenheit, mit 400 Mann gegen ihn zieht, wird Jakob angst und bang. Er fürchtet sich, und gleichzeitig spürt er seine Einsamkeit, seine Entwurzelung und den tiefen Wunsch zur Heimkehr. So kommt er an den Fluss Jabbok, an die Grenze zu seiner Heimat, an die Schwelle zur Rückkehr in die eigene Geschichte, ein Schwellenraum, der symbolisch zwischen der ersten und der zweiten Lebenshälfte steht.

Jakob lässt zuerst seine beiden Frauen, seine beiden Mägde und die elf Söhne den Fluss überqueren und alles hinüber schaffen, was ihm gehört. Selber bleibt er allein zurück, spürend, dass er noch etwas braucht, dass seinem Mut der Segen fehlt. Sehr kryptisch heißt es dann, dass ein Mann mit ihm kämpft bis ins Morgengrauen. Dieser Mann merkt, dass er Jakob nicht niederringen kann und schlägt ihm deshalb auf die Hüfte, sodass sich Jakob das Hüftgelenk ausrenkt. Der Mann will, dass Jakob ihn loslässt, doch Jakob entgegnet: „Ich lasse dich nicht los, bevor du mich nicht segnest." Der Mann antwortet Jakob: „Mit Gott und Menschen hast du gestritten und hast gewonnen!" Dann segnet er ihn. Die Sonne scheint bereits, als Jakob den Fluss durchquert. Von diesem Tag an hinkt Jakob an seiner Hüfte. Seine Hüfte steht fortan für die Verletzung und den Schmerz, der zum Segen wurde.

„Der Schauende" heißt ein Gedicht von Rainer Maria Rilke, in dem er den Kampf mit dem Engel, wie Jakobs Geschichte später oft gedeutet wurde, aufgreift und zu einem großartigen Bild für den Kampf der Lebensmitte entfaltet. Seit zwei Jahren habe ich dieses Gedicht immer in meiner Tasche und es öfter herausgezogen. Man kann Gedichte natürlich mögen oder nicht, ihre Sprache ist ungewöhnlich, bilderreich und trotzdem geheimnisvoll, manches nur anspielend, vieldeutig in jeder Beziehung. Man muss dieses Gedicht nicht verstehen im vordergründigen Sinn, aber man kann es wirken lassen, es immer wieder lesen und sich vielleicht immer wieder neu darin finden. Es ist ein Gedicht, das einen tiefen Weg weist zu echtem Wachstum, zu größerer Reife nach dem Aufstieg des Helden:

Der Schauende

Ich sehe den Bäumen die Stürme an,
die aus laugewordenen Tagen
an meine ängstlichen Fenster schlagen,
und höre die Fernen Dinge sagen,
die ich nicht ohne Freund ertragen,
nicht ohne Schwester lieben kann.

Da geht der Sturm, ein Umgestalter,
geht durch den Wald und durch die Zeit,
und alles ist wie ohne Alter:
die Landschaft, wie ein Vers im Psalter,
ist Ernst und Wucht und Ewigkeit.

Wie ist das klein, womit wir ringen,
was mit uns ringt, wie ist das groß;
ließen wir, ähnlicher den Dingen,
uns so vom großen Sturm bezwingen, –
wir würden weit und namenlos.

Was wir besiegen, ist das Kleine,
und der Erfolg selbst macht uns klein.
Das Ewige und Ungemeine
will nicht von uns gebogen sein.
Das ist der Engel, der den Ringern
des Alten Testaments erschien:
wenn seiner Widersacher Sehnen
im Kampfe sich metallen dehnen,
fühlt er sie unter seinen Fingern
wie Saiten tiefer Melodien.

Wen dieser Engel überwand,
welcher so oft auf Kampf verzichtet,
der geht gerecht und aufgerichtet
und groß aus jener harten Hand,
die sich, wie formend, an ihn schmiegte.
Die Siege laden ihn nicht ein.
Sein Wachstum ist: der Tiefbesiegte
von immer Größerem zu sein.

Ein Sturm geht durch die Zeit (der Lebensmitte), häufig eben nicht nur ein laues Lüftchen, sondern ein Sturm, der umgestaltet. Nichts ist mehr, wie es war. Man sieht es den zunehmend zerzausten (und ergrauten) Bäumen an, dass da etwas geschieht. Angst ist mit dabei. Es ist mehr als eine alltägliche Krise, gegen die es in der Apotheke etwas gibt. Rilke deutet diesen Umbruch in ernsten und wuchtigen Bildern, gibt diesem großen Sturm die Dimension der Ewigkeit und gibt ihm damit Tiefe und spirituelle Bedeutung, nicht zuletzt durch die Andeutung an das Psalmenbuch des Alten Testaments und das Ringen Jakobs mit dem Engel. Er gibt der Krise Ernst und Bedeutung, aber auch Kraft und Sinn.

Erfolg kann uns ab der Lebensmitte nichts mehr lehren; er schmeckt höchstens noch gut. Es geschieht nämlich eine Umwertung der Werte: „Was wir besiegen, ist das Kleine, und der Erfolg selbst macht uns klein.“ Die Erfolge des jungen Helden zählen nicht mehr. Es geht jetzt um viel mehr, um das „Ewige und Ungemeine“, das Dauerhafte und Ungewöhnliche, nicht um das einfach Machbare. Den Kampf Jakobs mit dem Engel schildert der Dichter in eindringlichen Bildern, wenn sich die Sehnen des Kämpfers metallen dehnen, der Engel sie als Saiten eines Instruments erkennt und darin tiefe Melodien ertönen. Die Botschaft ist: Der Schmerz der Lebensmitte hat einen höheren Sinn, wenn wir ihn als solchen annehmen können.

Der Engel, der mit dem Mann ringt, möchte ihn nicht erniedrigen, schon gar nicht klein machen. Klein ist höchstens das, womit wir im Alltag allzu oft ringen. Doch das, was in dieser Krise mit uns ringt, das ist groß, und darum können wir „aus jener harten Hand“ auch groß hervorgehen, allerdings nicht so, wie wir uns früher männliche Größe vorgestellt haben. Diese Siege sind es nicht mehr, die uns einladen. Es geht vielmehr um ein Wachstum, das sich vermutlich nur in spirituellen Dimensionen formulieren lässt: „der Tiefbesiegte von immer Größerem zu sein“.

Angst vor dem Tod

„Mit Sex übt man auch Vergeltung am Tod“, meint einer der vielen alten Schwerenöter in den Romanen von Philip Roth. In dem Film „Mondsüchtig“ gibt es einen berühmt gewordenen Nebenschauplatz. Ein Universitätsprofessor mittleren Alters kommt immer wieder mit seiner jeweils neuesten Lieblingsstudentin in das italienische Stammlokal. Diese Verabredungen enden meist damit, dass ihm seine viel jüngere Begleiterin ein Glas Wasser ins Gesicht schüttet und ihn sitzen lässt. Rose, eine ihrerseits betrogene Frau, hat diese Szenerie schon mehrfach beobachtet und setzt sich zu ihm an den Tisch. Auf ihre Frage „Warum gehen Männer fremd?" weiß er keine Antwort. Am Heimweg fragt der Professor, ob sie eine Antwort auf die Frage wisse, und Rose erklärt: „Weil sie Angst vor dem Tod haben."

Für junge Männer ist das noch kein großes Thema. Doch je älter wir werden, umso öfter werden wir immer wieder an unsere Endlichkeit erinnert. Der Tod hat eine eigenartige Dynamik. Je mehr wir ihn verdrängen, umso mehr verfolgt er uns. Der verweigerte Abstieg hat vermutlich schon etwas mit der Panik vor dem Ende, vor dem Endgültigen zu tun. Die Versprechungen der modernen Gesundheitsindustrie bauen auf genau dieser Panik auf. Das ewige Leben bleibt zwar noch den Religionen vorbehalten, doch die Beteuerungen des Anti-Aging nähern sich diesem Wert zunehmend an. Unsterblichkeit wird noch nicht versprochen, aber zumindest Jugendlichkeit bis zum Schluss. Einer der dümmlichsten Buchtitel: „Wer gesund stirbt, hat mehr vom Leben." Man wäre fast versucht zu sagen: Wenigstens gibt es im Leben noch etwas, an dem höchstens der Totengräber verdient. Angesichts von tragischen Erkrankungen, gegen die sogar die Medizin machtlos ist, angesichts von Schicksalsschlägen, die von einer Sekunde auf die andere Menschen aus dem Leben reißen, sind solche Phrasen nur noch zynisch. Wir können den Flötentönen des Rattenfängers folgen und wie Gläubige einer Sekte alles tun, was der Gesundheitsguru von uns will. Oder wir stellen uns ernsthaft den zentralen Fragen des Lebens und achten dabei natürlich unaufgeregt und vernünftig auf unsere Gesundheit.

Spätestens ab der Lebensmitte kommen wir gar nicht daran vorbei, uns auch der Frage des Todes und der Endlichkeit des Lebens zu stellen. Wer den Tod verleugnet, wird sehr schnell zum Getriebenen. Das ist, als säßen wir wie ein winziges Staubpartikel auf der Rille einer altmodischen Schallplatte. Plötzlich wird der Plattenspieler in Gang und die Nadel aufgesetzt. Jetzt können wir nur noch flüchten vor dem Ende. Wenn wir den Tod vor uns ignorieren, verfolgt er uns von hinten. Das Leben wird dann zur letzten Gelegenheit, und alles dreht sich nur noch um die Verlängerung des Lebens und die Frage, was man darin noch alles unterbringen könnte. Mit dem Genuss ist es dann vorbei, denn der wird zum Stress, zum Konsum, zur zunehmend verschlingenden Gier.

Als Gegengift wäre es gerade in der Lebensmitte vielleicht sehr hilfreich, das Leben einmal aus dem Blickwinkel des Ewigen zu betrachten, „sub specie aeternitatis", wie es früher hieß. Wahrscheinlich würde es uns helfen, das Leben milder zu sehen. Der Tod macht nicht alles sinnlos, aber er zeigt uns den Unterschied zwischen Wesentlichem und Unwesentlichem, zwischen dem Vergänglichen und Flüchtigen und dem, was bleibt. Spuren zu hinterlassen, die uns überdauern, könnte der Sinn des Lebens sein, Spuren, auf die wir auch angesichts des Endes stolz sein können. Das Totenhemd hat bekanntlich keine Taschen, also können diese Spuren nichts sein, was mit dem Raffen zu tun hat. Mehr Gewicht haben da schon Spuren, die wir in den Herzen von Menschen hinterlassen haben und in denen wir weiterleben können.

Noch etwas könnte uns der Blickwinkel des Ewigen bewusst machen: dass es darauf ankommt, im umfassendsten Sinn wirklich zu leben. Das Schlimmste wäre vermutlich, am Ende feststellen zu müssen, dass wir nicht gelebt, das Wichtigste versäumt haben. Die Versäumnisse wiegen im Nachhinein bekanntlich mehr als die Dummheiten, die wir begangen haben.

Von bunten Hunden

„Ein lebender Hund ist besser als ein toter Löwe", heißt es in einem Buch des Alten Testaments, ein Satz, der gerade angesichts unserer doch um einige Jahre geringeren Lebenserwartung als

Männer seine besondere Bedeutung hat. Besser heitere Lebenskünstler als erstarrte Helden, könnte man im Blick auf die zweite Lebenshälfte formulieren. Der Friedhof ist bekanntlich voll von unersetzbaren Männern.

Eigentlich ist es nur ein kleines Büchlein, das Buch Kohelet, ein schmales Reclamheftchen gleichsam, in dem ein offensichtlich erfahrener Mann über den Sinn des Lebens räsoniert. Der Prediger Kohelet ist ein Mann mit Lebenserfahrung und einer gleichzeitig sehr nüchternen und doch radikalen Sicht des Lebens, eine Sicht, die für die Lebensmitte heilsame Perspektiven enthält. Kohelet hat sich umgesehen, das Leben erforscht und kommt immer wieder zum selben Schluss: Alles ist nur Windhauch und Luftgespinst! Was hat denn der Mensch oder hier der Mann von all dem, wofür er sich unentwegt abrackert? Eine Generation geht, eine andere kommt, die Sonne geht auf und wieder unter, alle Flüsse fließen ins Meer, und es wird doch nicht voll. Was soll es also?

Kohelet erzählt, wie er an sich selber experimentierte, Gold und Silber anhäufte, Häuser baute und Parks anlegte, sich den Traum eines ganzen Harems erfüllte und sich betrank, was er sehr poetisch formuliert: „Ich lockte meinen Leib mit Wein, während mein Verstand das Wissen auf die Weide führte" (Koh 2,3) – ein wunderbarer Ausdruck für einen Vollrausch. Am Ende zieht er sein persönliches Resümee. Und zu welchem Schluss kommt er? „Das ist alles Windhauch und Luftgespinst!"

„Was erhält der Mensch", schreibt Kohelet, „durch seinen ganzen Besitz, für den er sich anstrengt? Alle Tage besteht sein Geschäft nur aus Sorge und Ärger, und selbst in der Nacht kommt sein Geist nicht zur Ruhe" (Koh 2,22f). Man könnte fast meinen, Kohelet lebte unter den ökonomischen Bedingungen der heutigen Zeit. Der Schluss, den er jenseits der „Windhauch"-Rufe zieht, ist klar: „Besser ist eine Hand voll und Ruhe, als beide Hände voll und Arbeit und Luftgespinst" (Koh 6,4). Im Grunde ist es ein antikapitalistisches Pamphlet, und dann ignoriert er noch die Pracht der Löwen und plädiert für bunte, lebendige Hunde.

Der Prediger nimmt sich darauf verschiedene Bereiche vor, die sowohl in den traditionellen Männerbildern wie auch in der ersten Lebensphase das Um und Auf zu sein scheinen: Besitz und Reichtum, Wissen und Bildung, Wohlstand und Ansehen. Aber das Ergebnis seiner Untersuchungen ändert auch hier nichts an den Grundtatsachen des Lebens. Niemand kann damit sein Leben verlängern oder etwas davon mitnehmen. Diese Werte allein können also nicht Sinn und Ziel des Lebens sein!

Für Kohelet ist klar: „Wie er aus dem Leib seiner Mutter herausgekommen ist - nackt, wie er kam –, muss er wieder gehen. Von seinem Besitz darf er überhaupt nichts forttragen.“ (Koh 5,14) Und zudem: „Dem Reichen raubt sein voller Bauch die Ruhe des Schlafs.“ (Koh 5,11) Seine Replik auf die Anhäufung von Wissen klingt schon resignierend: „Viel Wissen, viel Ärger, wer das Können mehrt, der mehrt die Sorge.“ (Koh 1,18) Und: „Der Gebildete hat Augen im Kopf, der Ungebildete tappt im Dunkeln. Aber ich erkannte auch: Beide trifft ein und dasselbe Geschick.“ (Koh 2,14) Er vergleicht zuletzt auch die besonders Gerechten, in seinem Sinn meint er damit die besonders Frommen, mit den weniger Korrekten und Eifrigen und natürlich wieder mit demselben Resultat: „Beide gehen an ein und denselben Ort. Beide sind aus Staub entstanden, beide kehren zum Staub zurück.“ (Koh 3,20) Oder: „Ein Sünder kann hundertmal Böses tun und dennoch lange leben“ (Koh 8,12), also auch da gibt es keine Garantien.

Unter dem Strich klingt es fast wie eine ausgewachsene Midlife-Krise, wenn offensichtlich alles zusammenbricht und nichts mehr zu tragen scheint. Es fehlen auch nicht die depressiven Züge, wenn Kohelet selber sagt: „Da verdross mich das Leben.“ (Koh 3,20) So gesehen wäre das Büchlein regelrecht ein Wegweiser in die Verbitterung, ein Ausdruck des immer unzufriedenen Mittagsdämons.

Was aber zählt denn noch? Was lässt der Prediger noch gelten? Der Kontrapunkt taucht im Text immer wieder auf. Das eine Leitmotiv ist der Windhauch, das andere die Freude am eigenen Leben: „Ich hatte erkannnt: Es gibt kein in allem Tun gründendes

Glück, es sei denn, ein jeder freut sich, und so verschafft er sich Glück, während er noch lebt, wobei zugleich immer, wenn ein Mensch isst und trinkt und durch seinen ganzen Besitz das Glück kennenlernt, das ein Geschenk Gottes ist." (Koh 3,12) Wann immer Kohelet von Glück redet, ist das kein abgehobener Zustand, weder eine erweiterte Bewusstseinsregion noch ein topfites Dauerlächeln. Glück ist für ihn auch nicht die angestrengte Übung eines hoch spirituellen Menschen, sich mit seinem Unglück abzufinden, und schon gar nicht die moderne Verpflichtung zum positiven Denken, wie es mancherorts schon zur Bürgerpflicht zu gehören scheint. Kohelets Weg ist der einer gangbaren Alltagsspiritualität. Die entscheidende Frage ist, ob ich in meinem Tun und Wirken Freude erfahre, ohne natürlich Schicksalsschläge ignorieren zu müssen. Die Freude am konkreten Leben ist eine Richtung, die auch aus dunklen Phasen des Lebens herauszuführen vermag. Und woran denkt Kohelet, wenn er von der Lebensfreude spricht? Seine Antwort ist eindeutig und konkret – und damit ein brauchbarer Wegweiser in die zweite Lebenshälfte: „Iss freudig dein Brot und trink vergnügt deinen Wein; denn das, was du tust, hat Gott längst so festgelegt, wie es ihm gefiel. Trag jederzeit frische Kleider, und nie fehle duftendes Öl auf deinem Haupt. Mit einer Frau, die du liebst, genieß das Leben alle Tage deines Lebens." (Koh 9,7)

Zur eigenen Anwendung – Übungen

Kohelets Lebenserforschungsprojekt ist ein radikales. Doch in der Lebensmitte stellt sich die Frage, wohin es gehen soll, drängender und gleichzeitig quälender als sonst, und da kann es gut sein, einmal innezuhalten und sich tatsächlich der Frage des persönlichen Lebens zu stellen. Deshalb folgen hier ein paar Übungen zur eigenen Anwendung, die Anstöße zur Veränderung in sich tragen.

Die Liebhaber-Übung

Manch einer wird denken, was Kohelet da an Lebensfreude beschreibt, ist leicht dahingesagt. Nicht wenige sind von dieser Lebensfreude weit entfernt und haben ihre Gründe dafür. Es ist archetypisch gesehen der innere Liebhaber, der aus Kohelets Zeilen spricht, denn der Liebhaber ist viel mehr als das, woran man zunächst denkt. Der Liebhaber im Mann weiß, dass es nicht nur den Kopf, sondern auch das Herz, dass es nicht nur die Zweckmäßigkeit, sondern auch die Schönheit, nicht nur die Arbeit, sondern auch die Muße gibt. Er will das Leben genießbar machen. Der innere Liebhaber verleiht den elementaren Bedürfnissen des Lebens Geschmack und Schönheit, schöpft daraus Spontaneität, Leichtigkeit und Lebensfreude. Manche Männer haben das nie gelernt, weil sie in einer Haltung erzogen wurden, dass das Leben ernst und schwer zu sein hat. Andere haben aus lauter Sorge und Verantwortung den Zugang zu ihrem inneren Liebhaber mit der Zeit verloren, und wieder andere verwechseln ihn mit einem oberflächlichen Konsumenten.

Woran erkennt jemand, ob er einen guten Zugang zum inneren Liebhaber hat? Eine Antwort wäre: Wenn du auch gut mit dir allein sein kannst. Der Liebhaber hat nicht nur mit dem Liebhaben von anderen zu tun, sondern auch mit dem Liebhaben von sich selber. Solche Männer können gut mit sich allein sein, viel mit sich selber anfangen und haben nicht ständig das Gefühl, irgendwo etwas zu versäumen, brauchen auch nicht dauernde Action. Für sie gilt in besonderem Maße, was der Schriftsteller Milan Kundera einmal formuliert hat: „Wer Gott ins Fenster geschaut hat, langweilt sich nie." Dieses „Gott ins Fenster geschaut zu haben" zeigt sich weniger in äußerer Frömmigkeit als vielmehr durch innere Stimmigkeit und Sinnerfülltheit.

Für die Liebhaber-Übung braucht es einen Wald oder zumindest ein Stück Natur. Wir Männer haben zum Wald einen besonderen Bezug. Da wohnt nicht nur der wilde Mann, da reitet nicht nur der Ritter hindurch, sondern da fühlt sich auch der Liebhaber aufgehoben. Grundsätzlich gibt es für uns zwei verschiedene

Zugänge zur Natur, den des Kriegers und den des Liebhabers. Der erste ist der uns vertrautere. Es ist der Zugang mit Stoppuhr, Pulsmesser, Joggingschuhen oder Mountainbike, wo es vor allem um körperliche Leistung und um Zeit geht. Das ist gut und gesund, wenn es nicht alles ist. Daneben gibt es aber den Zugang des Liebhabers, und das ist genau der, wo sich die Zeit verliert und wo es nicht um Leistung geht.

Im Grunde ist es ganz einfach: Du nimmst dir einmal Zeit für dich selber und gehst allein in den Wald (oder an den Strand) – aber ohne alle Sportgeräte und vor allem ohne Ziel! Am Anfang wirst du dich fragen warum, wozu, wie lange und auf die Uhr schauen. Lass diese Fragen kommen und wieder gehen, das legt sich mit der Zeit. Irgendwann wirst du aufschauen, aus dir herausschauen auf die Natur, und du fängst an, Bäume, Blätter, Sträucher zu betrachten. Gleichzeitig wechselt deine innere Taktfrequenz. Die Schritte verlangsamen sich, du wirst ruhiger, bleibst manchmal sogar stehen, die Fragen vom Anfang verschwinden ohne Antwort, der Zeitbegriff beginnt sich aufzulösen. An diesem Punkt findet eine Veränderung statt, eine Transformation, die mit dem inneren Liebhaber zu tun hat. Manchmal meldet sich zwischendurch der ungeduldige Krieger und fragt, wie lange das noch gehen soll und ob es nicht schon reicht. Da musst du durch und notfalls wieder von vorne beginnen, sonst findet die Transformation nicht statt. Irgendwann wirst du dich ertappen, wie du mitten im Wald vor einem Baum stehst, leise vor dich hin lächelst und nicht weißt warum. Vom Bauch herauf kommt es warm, und in der Brust wird es leicht. Genau dann bist du ganz in deinem Liebhaber. Grundsätzlich ist es so: Je länger ein Mann braucht, diesen Punkt zu erreichen, umso dringender war es. Versuch es, denn nur wenn wir uns selber mögen, können wir auch für andere anziehend sein.

Die Magier-Übung

Um noch mal bei den Bildern der Archetypen zu bleiben, da gäbe es auch noch den Magier, der für das Älterwerden nicht unwichtig ist. Ehrliche Selbsteinschätzung, Abstand zu sich selber, Selbstironie, Humor und die Fähigkeit, auch über sich selber lachen zu können, sind seine wertvollen Gaben. Er ist weise und weiß, dass das Leben nicht nur aus Schwarz-Weiß besteht. Wenn ein Mann seinen Weg gut geht, reift er in diese Richtung im zunehmenden Alter. In jedem von uns steckt ein Stück dieses Magiers, das wir anzapfen können.

Die Übung klingt ziemlich verrückt, aber es funktioniert. Vielleicht braucht es anfangs etwas Geduld, und möglicherweise klappt es auch nicht auf Anhieb, wenn der Weise in uns sehr verschüttet ist. Im Grunde ist die Übung einfach: Nimm dir einmal eine ruhige Stunde mit Schreibzeug und versuche dich selbst als alten, weisen Mann zu sehen. Gehe hinein in dieses Bild, diese Rolle und schreibe als alter Mann einen Brief an dich selber heute. Schreib vielleicht einfach mal „Lieber X" auf das Papier, such dann den weisen alten X in dir und warte auf den ersten Satz. Was dann kommt, kann dich mit deinem eigenen Älterwerden versöhnen, dir Perspektiven geben und vielleicht sogar den Kampf damit beenden.

Was mir in meinem Leben wichtig ist

Selbstverständlich kann es nötig sein, dem eigenen Leben eine gute Richtung zu geben, die Sache in die Hand zu nehmen und möglicherweise Dinge zu verändern. Damit das nicht in blinden Aktionismus ausartet, müssen wir uns klar werden, was uns in unserem Leben wirklich wichtig ist. Die folgende Übung klingt stellenweise vielleicht etwas hart, kann aber gerade deshalb viel zur Klärung beitragen.

Nimm dir einmal eine halbe oder besser eine Stunde Zeit für dich allein. Such dir einen ruhigen Ort, wo du ungestört bist, und nimm Schreibzeug mit. Vielleicht hilft dir eine ruhige Musik. Schau einmal zurück auf dein bisheriges Leben, deine Kindheit, die Jugend, Frauen, Kinder, Familie, Beruf, Karriere, Entwicklungen usw. Nimm dir Zeit dafür und zeichne dann deine bisherige Lebenskurve. Wie verläuft sie? Wie bewertest du die einzelnen Phasen? Was sind die Hochs? Was sind die Tiefs? Wo stehst du gerade?

Nun kommt der zweite Teil der Übung: Stell dir vor, du hast noch 30 Jahre zu leben. Was würdest du noch alles machen? Wie würde sich deine Lebenskurve weiterentwickeln? Mach dir ein paar Notizen oder zeichne die Kurve weiter.

Jetzt wird es langsam ernster. Nun müssen sich Dinge entscheiden, denn du kannst nicht alles tun in deinem Leben. Stell dir vor, du hast noch drei Jahre zu leben. Was würdest du in diesen drei Jahren noch machen? Wie würde dein Lebensplan für diese drei Jahre aussehen? Was würde sich ändern?

Nun wird es ganz ernst und eng. Durch ein enges Tor kommen nur noch wenige Dinge durch. Es werden vermutlich die dir wichtigsten sein. Stell dir vor, du hast noch drei Monate zu leben. Auch wenn der Gedanke zuerst vielleicht schreckt oder schmerzt, stell dich dem Experiment, es kann in dir einiges klären. Was würdest du mit den verbleibenden drei Monaten anfangen? Was kommt noch vor? Was nicht mehr? Was würdest du sofort ändern?

So schnell sterben wir natürlich nicht, aber wenn wir diese Übung ernsthaft machen, ist es kein Problem mehr, eine eigene Wertepyramide zu erstellen: „Mir ist in meinem Leben in folgender Reihenfolge wichtig …“ Der Rest ist dann die Umsetzung, doch vom Managen verstehen wir Männer ja einiges.

Eine Übung zu diesem Selbstmanagement könnte der Zeitkuchen sein. Zeichne einen Kreis und trag ein, wie viel deiner ganzen Zeit du etwa wofür verwendest. Nun vergleiche deinen realen Zeitkuchen mit deiner persönlichen Werteordnung. Was muss gekürzt und was erweitert werden? Überlege dir Maßnahmen und beginne schrittweise mit der Umsetzung. Selbstverständlich können wir nicht von heute auf morgen alles ändern oder über Bord werfen. Doch ein Stück Lebensfreude ist durchaus planbar und umgekehrt: Ohne Nein-Sagen wird es vermutlich auch nicht gehen.

Drei Leitsätze

Es gibt zwei Binsenweisheiten des Lebens, die wir nur allzu gern vergessen, und dann kann es schnell einmal zuviel werden:

1. Man kann nicht alles haben.
2. Man muss wissen, was man will.

Nimmt man diese Weisheiten ernst, kann daraus eine Lebensplanung abgeleitet werden. Man(n) kann nicht alles haben! Wo wird es mir zuviel? Was nimmt mir zuviel Raum, raubt mir zuviel Zeit? Was ist mir nicht so wichtig? Nicht mehr so wichtig? Auf was könnte ich verzichten? Was gehört nicht mehr zur zweiten Lebenshälfte?

Man(n) muss wissen, was man(n) will! Was ist mir auf jeden Fall sehr wichtig? Worauf will ich auf keinen Fall verzichten? Was sind mir die wichtigsten Ziele in meinem Leben? Wofür reut mich die Zeit nicht? Was für Ziele verbinde ich mit dem Älterwerden? Wo möchte ich hin?

Und um den männlichen Drang zur Perfektion unverzüglich einzubremsen, hier noch ein 3. Leitsatz: Der Mann, der es richtig machen will, macht es schon falsch! Wo wäre ich gerne richtig gut? Wo lohnt es sich für mich noch? Wo hätte ich gerade im Älterwerden wertvolles Entwicklungspotenzial? Wo würde weniger auch reichen? Was muss ich in meinem Alter tatsächlich nicht mehr? Wo könnte ich mit dem Mut zum Unperfekten beginnen?

Der Abstieg zur Weisheit

Die Sonne zieht ihre Strahlen ein,
um sich selber zu erleuchten,
nachdem sie ihr Licht auf die Welt
verschwendet hat.
C. G. Jung

Auf den Aufstieg folgt der Abstieg, wie auch ein Flugzeug nicht oben bleibt, sondern am Ende wieder auf der Erde landet. Der Himmel kommt erst später! Die Schwierigkeit für uns lösungsorientierte Männer liegt gerade darin, dass es keine Lösung auf Dauer gibt, dass wir nicht einfach Dinge abhaken können im Glauben, das sei jetzt auf alle Zeiten erledigt. In Bezug auf Partnerschaft gibt es ein durchaus treffendes Sprichwort: Frauen heiraten Männer im Glauben, dass sie sich ändern würden; tun sie aber nicht. Männer heiraten Frauen im Glauben, dass sie bleiben, wie sie sind; tun sie auch nicht. „Wandel und Wechsel liebt, wer lebt“, lässt Richard Wagner seinen Wotan singen, was umgekehrt heißt: Wer sich diesem Wandel nicht mehr stellt, hört eigentlich auf zu leben. Heimito von Doderer lässt in der „Strudlhofstiege“ einen seiner Protagonisten sagen: „Das nämlich heißt leben. Die Gegensätze in Schwebe zu halten. So ist's. Ganz einfach.“ Genau das ist für uns Männer aber nicht so einfach, dass wir uns laufend auch persönlichen Herausforderungen des Lebens stellen müssen. Manchen würde es viel leichter fallen, ständig die Welt zu verbessern, sich in der Sanierung der Weltfinanzen oder der biotechnologischen Rettung der Umwelt völlig verausgaben zu dürfen. Doch stattdessen pocht immer wieder das eigene Leben selber an die Tür.

C. G. Jung hat es in seinem Aufsatz zur Lebenswende wunderbar auf den Punkt gebracht: „Die großen Lebensprobleme sind nie auf immer gelöst. Sind sie es einmal anscheinend, so ist es immer ein Verlust. Ihr Sinn und Zweck scheint nicht in ihrer Lösung zu liegen, sondern darin, dass wir unablässig an ihnen arbeiten.

Das allein bewahrt uns vor Verdummung und Versteinerung." (434) Diese Tatsache des Lebens zu akzeptieren, ist der erste und vielleicht wichtigste Schritt auf dem Weg zur Weisheit, der eigenartigerweise schlechter ausgeschildert ist als die Wege in die Verdummung oder die Versteinerung, zum alten Narren oder in die Verbitterung.

Es gibt immer wieder Geschichten, wo jemand mutig zwischen zwei Polen, zwei Versuchungen durchnavigieren muss. Am eindrücklichsten ist vielleicht die von Odysseus, der viele Abenteuer und Versuchungen zu überstehen hatte, bis er nach langer Irrfahrt endlich heimkehren konnte nach Ithaka. Auch in diesem Mythos lässt sich übrigens die männliche Lebenskurve entdecken. Es beginnt mit dem Aufbruch von der Heimat und den Heldentaten im Krieg vor Troja. Dann folgt die Krise der Lebensmitte und der Begrenztheit mit seiner langen Irrfahrt, wo er merkt, dass er nicht einfach in den Bus steigen kann, um nach Hause zu fahren. Die letzte Phase auf Ithaka folgt seiner Rückkehr, nachdem er endlich daheim angekommen ist.

Jedenfalls stand Odysseus auf seinem langen Weg vor der Herausforderung, zwischen Skylla und Charybdis durchzusteuern. Skylla war ein alles verschlingendes Meerungeheuer, Charybdis ein ungeheurer Schlund, der dreimal am Tag das Meerwasser einsog, um es danach brüllend wieder auszustoßen, und genau da musste der listenreiche Odysseus sogar zweimal durch. Die Redewendung „zwischen Skylla und Charybdis" steht seitdem für eine Situation, in der man sich zwischen zwei Gefahren befindet. Weicht man der einen Gefahr aus, begibt man sich in die andere, und wo es gilt, den rechten Weg zwischen zwei Verhängnissen hindurch zu finden, in unserem Fall also den Weg zwischen Verdummung und Versteinerung.

Auf den Abstieg zur Weisheit begibt sich der ehemalige Held gleichsam mit heruntergelassenen Hosen. Die Regeln in der alten Form funktionieren nicht mehr. Nichts mehr ist eindeutig, vielmehr scheint alles voller Geheimnisse. Er spürt immer deutlicher, dass sich die Welt nicht um ihn dreht, sondern dass vielmehr er Teil eines großen Ganzen ist. Darin hat er eine Aufgabe, eine Berufung, die zu finden eine neue Herausforderung ist. Damit lautet eine Kernfrage: Wovon will ich im Alter leben?

Da geht es zuerst nicht um Pensionsvorsorge, sondern um zwei eindeutige Alternativen. Wir können so leben, dass andere für uns da sind, um uns zu bewundern und zu bestaunen, uns auf die Schultern zu klopfen und zu bestätigen, wie toll wir sind; das kann man bis ans Lebensende so halten. Wir können unser Leben aber auch so wenden, dass wir für andere da sind, dass wir unsere Gaben und Fähigkeiten, unser Wissen und unsere Lebenserfahrung, unsere hoffentlich zunehmende Reife für andere einsetzen. Könnten wir den eigenen Nachruf jetzt schon hören, wäre die Frage vermutlich keine Frage mehr.

Die Freuden eines auf reifem Wege alternden Mannes werden andere sein als die im Aufstieg. Was früher „Sieg“ und „Erfolg“ waren, wird manchmal unter Schmerzen neu definiert. Die Gewichtungen haben sich verschoben, jetzt zählen zunehmend andere Dinge. Das Neue kann durchaus in dunklen Nächten geboren, aus tiefen Brüchen und Verletzungen erkämpft werden. Nach außen macht es sich vielleicht wenig sensationell aus. Es können ganz unscheinbare Siege sein, die die Männerseele heilen, wieder einen Glanz auf ihr Gesicht bringen. Die Geschichten von zwei Männern sollen exemplarisch zeigen, wie das Schicksal ungewohnte Wege finden oder schlichtweg heilsam werden kann, wenn man es annimmt.

Das Sprichwort „Jeder ist seines Glückes Schmied“ macht nur die halbe Wahrheit aus. Nicht selten gibt es Menschen, zu denen das Schicksal einfach nicht fair war, die mehr in den Rucksack bekommen haben als andere. Anton sitzt in seiner kleinen, aber netten Wohnung und hadert mit dem Schicksal. Seit er in Pension ist, lebt er von seiner Frau getrennt und hat sich diese kleine Wohnung genommen. Eigentlich könnte er jetzt endlich das Leben genießen, aber stattdessen verzweifelt er fast am Leben, weil es zu ihm nicht gerecht war. Seine Frau war Jahrzehnte lang psychisch sehr krank. Trotzdem hatten sie zwei Kinder und diese gut über die Runden gebracht. Sosehr seine Frau aufgrund ihrer Krankheit der schwache Teil der Familie war, war Anton immer der starke.

An ihm ist alles gelegen, und er hat auch alles getan für seine Frau und seine beiden Kinder. Er hat nicht nur im Beruf das Geld für die Familie verdient, sondern die ganze Verantwortung getragen. Hausbau, Kindererziehung, Gesundheit, der psychische Zustand seiner Frau – alles ruhte allein auf seinen Schultern. Im Gegensatz zu seiner Gattin hatte er die Kraft dazu, und das Schicksal hat es ihm gleichsam zugemutet.

Als er in Pension ging, war ein Zusammenleben mit seiner kranken Frau nicht mehr möglich. Sie trennten sich, und er bezog die kleine Wohnung. Die beiden Kinder sind innerlich bei ihrer schwachen, hilfsbedürftigen Mutter geblieben, auch wenn sie gut versorgt war. Sie können es zwar verstehen, dass Papa ausgezogen ist und so nicht mehr leben konnte nach allem, was er schon durchgemacht hat. Anton hingegen verzweifelt fast daran, dass er zur Tochter gar keinen und zum Sohn auch nur noch wenig Kontakt hat und seine Enkel selten bis gar nicht sieht. Das Leben ist nicht immer „gerecht". Es hat Anton mehr zugemutet – nicht zuletzt, weil er die Kraft hatte, mehr zu tragen. Seit er gelernt hat, seine Situation so zu sehen und sie anzunehmen, wie sie ist, huscht auch in seiner kleinen Wohnung öfter ein Lächeln über sein Gesicht.

„Vom Manager zum Leihopa" betitelte Peter seine Lebensgeschichte, die er selber so formuliert hat: „Ich bin heute 69 Jahre alt und vierfacher Großvater. Mein erster männlicher Kraftquell war mein Großvater Gustav, ein gütiger Mann. Der Vater war ja im Krieg, und Mutter zog mit mir zu ihren Eltern, als er an die Ostfront versetzt wurde. Nach Mechanikerlehre und Technikstudium war ich beruflich als Filialleiter sehr viel im Ausland unterwegs. Die Arbeit, 25 Jahre Ehe, drei Kinder, zweimal Hausbau und Scheidung nach der Silberhochzeit transportierten mich bis zum Herzinfarkt. Ich verlor meine Arbeit. In einer fünfjährigen Nachspürfrist fand ich zurück an meine Wurzeln und überwand die Angst vor der Herzoperation.

Ich heiratete zum zweiten Mal. Das ist jetzt mehr als zehn Jahre her. Die Bypass-OP ließ mich nochmals absacken. Meine liebevolle zweite Frau half mir, wieder zu mir zu finden. Wir blieben kinderlos. Den Beruf, der mich als Mann ausmachte und den ich von heute auf morgen verloren hatte, konnte ich nicht mehr ausüben. Ich jobbte sieben Jahre lang als Erwerbsunfähigkeits-Rentner. Meine Idee, im Kindergarten vorzulesen, brachte mich auf eine neue Lebensspur, die ich mit ‚innerer Freiheit des Alters' bezeichnen möchte. Inzwischen hatte ich zwei Enkel, die ich gern besuchte. Leider wohnten sie 600 km von mir entfernt. Diese Situation brachte mich auf die Idee, mich als Leihopa anzubieten. Ich hängte mein Angebot im Kindergarten an die Pinnwand. Inzwischen war ich ja als ehrenamtlicher Vorleseopa schon bekannt bei den Eltern. Das war aber doch nicht so leicht, wie ich dachte. Die Eltern, merkwürdigerweise besonders Väter von Töchtern, hatten Bedenken gegen einen fremden Mann in der Familie, der sich um die kleinen Töchter kümmern wollte. Die Leihoma-Vermittlung beschränkt sich hier vor Ort auf Frauen. Das finde ich eigentlich diskriminierend für Männer. Der Kinderschutzbund meinte: ‚Da können wir nichts machen. Uns ist das Angstproblem der Gesellschaft vor Kindesmissbrauch bekannt.'

Ich habe nicht aufgeben. Als einziger Mann absolvierte ich einen offiziellen Tagespflege-Lehrgang bei der Caritas, von den Tagesmüttern bestaunt wie ein bunter Vogel. Als ich das staatliche Zeugnis nach gut 100 Unterrichtseinheiten hatte, trat ich selbstbewusster auf. Die Mädels der ängstlichen Eltern gehen inzwischen zur Schule. Heute freue ich mich an meinem dreijährigen Leihenkel Raphael und zweimal in der Woche an meiner zweijährigen Leihenkelin Anna. Ich liebe beide Kinder (fast) wie meine eigenen Enkel, denen ich nach wie vor ein bis zweimal im Jahr begegne. Meine Enkel, die leiblichen wie die geliehenen, geben mir viel. Manchmal ist mir, als ob ich endlich über meine verlorene Kindheit und die Strapazen der Kriegszeit trauern könnte. Das Gesicht meines gütigen Großvaters Gustav erscheint mir, wenn meine geliebten Leihenkel einen anderen Weg gehen wollen, als ich es plante. Aus seinem Blick lernte ich, dass er mich gelassen hat. Ebenso möchte ich auf meine Enkel eingehen. Sie sollen fähig werden, ihr eigenes Leben in die Hand zu nehmen. Mich selber macht die Aufgabe als Leihopa ausgeglichener, als ich je war."

In der Werbung eines Versicherungskonzerns meinte unlängst die alte Oma: „Natürlich leide ich unter Haarausfall. Aber wissen Sie was, das tut nicht weh. Meine Enkel jauchzen immer ganz fröhlich, wenn ich mit meinem Gebiss klappere oder durch meine dicken Brillengläser riesige Fischaugen hab. Das hilft mir. Älter zu werden, gehört halt einmal zum Leben dazu. Natürlich gibt's Lustigeres. Aber es gibt auch Schlimmeres. Ein trauriges Leben zum Beispiel." Humor, und stammt er auch vom Texter der Werbeagentur, ist immer eine Form der Weisheit. Humor ist natürlich mehr als der hin und wieder eingestreute Witz. Humor ist eine tiefe Liebe zum Leben und äußert sich als Respektlosigkeit gegenüber allem, was dieser Liebe zum Leben entgegensteht. Es ist eine innere Haltung, die man sich nicht aufsetzen, aber die man pflegen kann. Ein Kriterium für echten Humor ist nicht zuletzt, dass man auch über sich selbst lachen kann. Intolerante Besserwisser, die sogenannten Fundis, zeichnen sich durch Humorlosigkeit aus. Der Hang, die Menschheit in Gut und Böse einzuteilen, ist für manche sehr verführerisch. Wer überzeugt ist, alles zu wissen und zu können, kann unmöglich auch noch über sich selber lachen. Wer bereits weiß, dass alle mit Wasser kochen, kann mit Humor das scheinbar Selbstverständliche infrage stellen, allzu platte „Wahrheiten" aufweichen und auf das Schwarz-Weiß des Stammtischniveaus verzichten. Humor macht deutlich, dass es verschiedene Wahrheiten, Sichtweisen, Perspektiven und Abbilder der Wirklichkeit gibt, und erweitert die Palette.

Mit Humor sind auch die Widersprüche des Lebens besser auszuhalten. Ambiguitätstoleranz nennt man die Fähigkeit, andere Meinungen und Sichtweisen zu akzeptieren sowie Mehrdeutigkeiten und Widersprüche in Situationen und Handlungsweisen gut zu ertragen, ohne beispielsweise aggressiv zu reagieren. Letztlich ist es die Fähigkeit, gut zwischen Stühlen zu sitzen, ohne sich darüber zu empören oder auf den Boden zu fallen. Die Stühle, die uns das Leben manchmal anbietet, sind nicht immer so eindeutig oder zueinander passend. Mit Humor gelingt uns dieses Sitzen, und letztlich ist es die Gabe, das Leben zu nehmen, wie es ist, zumindest das, was nicht zu ändern ist. Deshalb hat auch Zynismus nichts mit Humor zu tun, sondern ist die gegenteilige Haltung der Verachtung gegenüber dem Leben. Von Dietrich Bonhoeffer stammt der Satz: „Wer zynisch Wahrheit sagt, lügt."

Der Weg zur Weisheit ist immer eine Art des Bei-sich-selber-Ankommens. Man braucht nicht mehr vor sich selber davonzulaufen, vor unbewältigten Geschichten im eigenen Leben, vor den dunklen Seiten der eigenen Person. Es gilt, den eigenen Schatten nicht nur zu tolerieren, sondern sich mit ihm zu versöhnen, ihn wie eine Gabe zu umarmen als Möglichkeit der persönlichen Reifung. Ein Mann mit Erfahrung ist keiner, der nur Erfolgserlebnisse hatte, das ist höchstens ein Blender oder ein vom Leben verwöhnter Tropf. Ein erfahrener Mann ist vielmehr einer, der durch die Höhen und Tiefen des Lebens durchgegangen ist, der die Licht- und die Schattenseiten kennt und sich von beiden Seiten hat prägen und wandeln lassen. Wir können dem Schmerz ausweichen, ihn überspielen oder in ihm stecken bleiben, in die Verdummung oder Versteinerung fliehen, wie es Jung formuliert hat. In beiden Fällen vergeben wir die Möglichkeit, weiser zu werden.

Bei diesen Zeilen fällt mir unweigerlich Erich ein, den ich in einem Seminar kennenlernen durfte. Erich ist vom Schicksal nicht verschont worden. Seinen Betrieb hat er durch Höhen und Tiefen gesteuert, sich selbst verausgabt bis zum Burnout, bis er einfach nicht mehr konnte. Schicksalsschläge in der Familie kamen dazu. Heute ist Erich Pensionist und Großvater, und wenn man ihn ansieht, so wirkt er überhaupt nicht „gezeichnet". Er hätte allen Grund, verhärtet oder vergrämt zu sein, doch stattdessen umzieht ein köstliches Lächeln seine Mundwinkel. Erich ist ein älterer Mann, den das Leben nicht zornig oder verbittert, sondern weise und abgeklärt gemacht hat. Er ist gleichzeitig ein Mann, bei dem man sich wohlfühlt, der nicht mehr viele Worte macht und der alle gelten lassen kann. Er ist nicht gescheiter als andere – aber weiser. Und warum? Weil er sich vom Leben hat wandeln lassen. Weil er durch die Gegensätze und Brüche des Lebens reifer geworden ist, weil er sich deshalb nicht mehr so wichtig nimmt.

Weisheit ist nicht das Wissen, das dann allen übergestülpt wird. Manche glauben ganz genau zu wissen, was für alle gut und richtig ist, und gehen einem damit auf die Nerven. Sie wollen alles einordnen und beurteilen, können nichts stehen lassen, wie es ist. Wahrscheinlich ist das nur eine Form von Unsicherheit. Auf dem Weisheitsweg sollten wir endlich sicher genug werden, um unsicher zu sein. Wer wie Sokrates von sich sagen kann, „Ich weiß, dass ich nichts weiß", der ist auf jeden Fall weiser als der, der glaubt, alles zu wissen.

Das Wissen, das Urteilen, die Kontrolle verlieren ihre Bedeutung, weil wir zunehmend erfahren, dass wir nicht alles kontrollieren und schon gar nicht alles wissen können. Wir erkennen, dass sich die Welt nicht um uns dreht, dass wir selber vielleicht gar nicht so wichtig sind. Wir können aber für andere umso wichtiger werden, wenn es uns gelingt loszulassen: unser manchmal aufgeblasenes Ego, die immer hohleren Fassaden, den Wunsch, ständig der Beste und Größte zu sein, den Zwang zur Überlegenheit und zur Perfektion, die oft nur gespielte Souveränität, die Rücksichtslosigkeit gegenüber unserer Innenwelt und unseren Gefühlen, das eindimensionale Leistungsdenken, alle zwanghaften und deshalb lebensfeindlichen Formen von Männlichkeit. Wenn es uns gelingt, diese harte Schale aufzuweichen oder schrittweise sogar abzulegen, gewinnen wir an neuer Lebendigkeit, werden wir milder und barmherziger, nicht nur mit anderen, sondern auch mit uns selber. Wenn wir nur uns selber vertrauen, ist unsere Größe von vorneherein beschränkt. Der Weg zur Weisheit ist wahrscheinlich immer auch eine spirituelle Frage. Je mehr es uns gelingt, auf einen Größeren zu vertrauen, umso mehr können wir selber noch an Größe wachsen. Gleichzeitig gibt es keine tiefere Entlastung als die Überzeugung, dass es nicht auf einen selber ankommt.

Der heilige Narr

Um dem möglichen Endpunkt des Abstiegs zur Weisheit auch noch einen Namen zu geben: Es könnte der heilige Narr sein. Er ist der definitive Lebenskünstler, der die Gegensätze zusammenhalten kann, weil er sie erfahren hat. Er steht jenseits von Urteilen, von dem, was wir „Vernunft" nennen, jenseits von Kontrolle. Ein Beispiel wäre der milde Großvater, wie er in manchen Märchen und Geschichten vorkommt, der ganz für andere da sein kann, weil er alles hat, der nichts mehr für sich braucht, der ganz bei sich angekommen ist und gerade als Mann eine neue Milde und Emotionalität entwickelt hat. Das ehrliche Menschsein, Lebenslust und Lebensfreude auch angesichts aller Einschränkungen, die das Alter mit sich bringt, das alles ist ihm wichtiger als sein Selbstbild, Macht, Prestige und Besitz. Die Frage, was wichtig und entscheidend ist im Leben, hat sich für ihn verdichtet und konzentriert. Über vieles, was lange Zeit sein Leben ausgemacht hat, kann er nur mehr schmunzeln. Es ist aber ein liebevolles, verständnisvolles Schmunzeln, denn Verachtung kennt er keine mehr. Der alte Narr hat eine große Fähigkeit zur Integration sowohl seiner eigenen Anteile wie in Bezug auf andere Menschen. Er versteht, weil er es selbst erlebt hat, ist wissend, weil ihn das Leben dazu gebracht hat. Vermutlich nicht zuletzt kann er zusammenhalten, weil er sich auch selbst gehalten weiß.

Dieser definitive Lebenskünstler hat zu einer ganz neuen Leichtigkeit des Seins gefunden, zu einer elementaren Einfachheit des Menschseins, in der er die Welt und das Leben mit heiteren Augen betrachten kann, und das, was er sieht, lässt seine Augen zunehmend zwinkern. Er ist kein vom König engagierter Hofnarr, damit er ihm ab und zu den Spiegel vorhält. Vielmehr ist er selber eine Art Hofnarr des Lebens geworden, und die kleinen Verrücktheiten, die er sich vielleicht genüsslich leistet, sind seine Liebe zum Leben; gerade weil es mit zunehmendem Alter auch eingeschränkter wird. Es ist eine neue Einfachheit, eine zweite, höhere Naivität, zu der der heilige Narr gefunden hat. In Mozarts Zauberflöte gibt es den naiven Naturburschen Papageno, den Vogelhändler, der nur „ein Mädchen und viele kleine Kinderlein" möchte. Er lebt in einer Art ungebrochenem Naturzustand, einer kindlichen Form der Naivität, in einem Paradies, aus dem ihn noch kein Sündenfall geworfen hat. Die ewigen Kinder, junge Männer, die nicht wirklich erwachsen werden und die Verantwortung des Lebens auf sich nehmen wollen, würden gerne wie Peter Pan immer in diesem Paradies bleiben. Doch vom jungen Narr zum heiligen Narr gibt es keine Abkürzung, keinen Schleichweg. Da stehen am Anfang der Baum der Erkenntnis und der Weg aus dem Paradies der Kindheit. Die Weigerung, erwachsen zu werden, hat nichts mit Weisheit zu tun. Der alte Narr ist seinen Weg gegangen, mit Auf und Ab, mit Sündenfällen und Sackgassen, hat den Bogen seines Lebens mit allen Phasen durchschritten, und deshalb ist sein Schmunzeln ein wissendes, seine Naivität weise, sind seine Narrheiten blanke Lebenslust, die er sich bewahrt oder wieder errungen hat. Ihm kann niemand mehr etwas vormachen, er muss niemandem mehr etwas beweisen und vor allem: Er braucht nichts mehr, denn er hat alles.

Vom Held zum Lebenskünstler

Über dem Bogen vom Aufstieg des Helden zum Abstieg in die Weisheit könnte für Männer vielleicht das Motto stehen: vom Held zum Lebenskünstler. Aber: Wer glaubt, mit dem Lebenskünstler gleich beginnen zu können, verweigert den Weg, verweigert Verantwortung, bleibt kindlich naiv und unreif. Der Heldenweg ist also nicht schon ein Irrweg, aber er ist nicht alles, nicht das Endziel unserer Entwicklung. Wir müssen das den jungen Helden ja nicht gleich unter die Nase halten. Doch am Höhepunkt, manchmal genau dann, wenn wir glauben, alles erreicht zu haben, zwingt uns das Leben zu neuen Weichenstellungen, wenn wir nicht zu läppischen Helden werden wollen. Das heißt auch, dass wir uns aus der Rüstung, die bei manchen schon zu einem ordentlichen Panzer geworden ist, wieder herausschälen dürfen. Das manchmal sehr eindimensionale und stark an Leistung orientierte Heldenleben ist ja nicht nur lustig. Eine größere Vielfalt sollte zunehmend im Männerleben Platz finden. Es ist, wie wenn man vor einer großen Orgel sitzt und nur auf ein paar Pfeifen spielt, den lautesten vielleicht, und dann sieht, was es da noch alles gäbe, und zunehmend den Mut bekommt, andere Register zu ziehen.

Unter „Lebenskünstler" verstehe ich Männer, die in einem umfassenden Sinn lebens- und genussfähig sind, die ihre zutiefst menschlichen Bedürfnisse und Sehnsüchte mit den Zwängen des Lebens verbinden können, die mit dem Maß des Menschlichen messen, sich vielleicht auch einmal verweigern, den wahren Wert der Muße kennen, sich in ihrem Leben be-sinn-en und von einer größeren und ruhigeren Tiefe des Lebens getragen sind. Lebenskunst kann man lernen durch das Leben selbst, aber auch durch eigenes Zutun. Es gilt manches zu lernen, was in unserem Männerleben neu oder zumindest etwas verschollen ist.

1. Die Kunst der Langsamkeit. Bei einem Seminar konnte ich irgendwann nicht mehr anders, als einem Mann die Lektüre des Romans „Die Entdeckung der Langsamkeit" zu empfehlen. Wie aus der Pistole kam es zurück: „Den habe ich schon dreimal gelesen!" Und es blieb offensichtlich völlig folgenlos. Bestimmte Künste zu lernen, verlangt uns einiges ab; nur die Gebrauchsanweisung auswendig zu lernen, hilft nichts. Wer aufbricht ins Leben, kann vorerst einmal nicht genug bekommen, dem kann es zuerst nicht schnell genug gehen. Mit zunehmendem Alter merken wir, wie viel auf der Strecke bleibt, wie viel wir gar nicht wahrnehmen, wenn wir durchs Leben rennen. Wir glauben zuerst, schnell sein zu müssen, um nichts zu versäumen. Später erst wird uns klar, was wir am Wegrand alles übersehen, wenn wir zu schnell sind. Das Leben findet nicht erst am Ende statt, sondern unterwegs. „Heute ist die gute alte Zeit von morgen", meinte Karl Valentin. Wie schlimm wäre es eigentlich, wenn wir morgen draufkommen, dass wir die gute alte Zeit nicht genossen haben, und uns nur an das Tempo des Eilzugs erinnern. Das Leben findet immer hier und jetzt statt, das muss uns zunehmend bewusst werden. Je älter wir werden, umso wichtiger ist diese Erkenntnis,

weil die Zeit, in der wir vermeintlich alles nachholen wollen, immer kürzer wird. Werner Bartl erzählt eine Szene, wo er einem Therapeuten sagt: „Mit dem Älterwerden ist es wie mit einer Klopapierrolle. Gegen Ende hin rollt sie sich immer schneller ab." Der Therapeut antwortet ihm: „Glaube mir, je weniger Blätter es werden, desto sorgfältiger gehst du mit ihnen um."

2. Die Kunst des Eigensinns. Nicht wenige Männer leben dauernd nur „für" etwas. Sie rackern sich ab für die Familie, für die Firma, für den Chef. Die Frage, was sie eigentlich selber wollen, stellen sie kaum; vielleicht wäre sie in bestimmten Phasen auch zu gefährlich. Für Männer wie Frauen gibt es gerade in der Familienzeit längere Phasen, in denen es kaum anders geht, wo sie wirklich für die Familie und die Kinder da sind und arbeiten. Darum gibt es auch den netten Spruch: „Wann beginnt das Leben? Wenn die Kinder aus dem Haus sind und der Hund tot!" Das Leben beginnt damit, dass wir auf uns selber achten und unsere eigenen Wünsche, Bedürfnisse und Sehnsüchte nicht mehr länger ignorieren. Wer bisher schon nichts anderes getan hat, als den eigenen Egoismus zu leben, ist hier nicht gemeint. Vielmehr geht es darum, einen gesunden Eigensinn zu entwickeln, einen Sinn für das Eigene, eine gute Verantwortung für sich und die persönlichen Bedürfnisse. Auf einer Herrentoilette las ich einmal folgenden Spruch: „Alle denken nur an sich. Nur ich denk an mich."

3. Die Kunst der Respektlosigkeit. „Manche Menschen sind Überlebenskünstler, andere werden durch die Tragödien des Lebens zerstört, und das ist bloß eine der Grausamkeiten des Lebens", meinte der Berufspessimist Woody Allen. Es gibt offensichtlich „ernsthaft ernsthafte" und „spielerisch ernsthafte" Menschen. Eine gute Überlebensstrategie für die besonders Ernsthaften könnte Respektlosigkeit sein. Wer an etwas „klebt", beraubt sich selbst vieler Handlungsmöglichkeiten. Noch schlimmer ist, wenn man sich an etwas „aufhängt". Wir haben Achtung und Respekt vor dem Leben und anderen Menschen, und das ist auch gut so. Doch da mischen sich immer wieder Dinge ein, die uns das schwer machen, die sich aufplustern, unendlich wichtig nehmen, sich aufdrängen und viele Wege verstellen. Die Kunst

der Respektlosigkeit bezieht sich auf Ideen, Annahmen und Überzeugungen, auf Institutionen, Systeme und Rollen, die nicht zwingend so sein müssen, wie sie sind, denen gegenüber wir aber zunehmend respektlos werden können, wenn sie nicht wirklich lebensfreundlich sind. Respektlosigkeit also nie gegenüber Menschen, aber gegenüber dem vermeintlichen „Es", das halt so sein müsse, angeblich unveränderbar. Hier schafft Respektlosigkeit Freiraum und erweitert den eigenen Handlungsspielraum. Die höchste Kunst ist vielleicht die Respektlosigkeit gegenüber unseren eigenen Lieblingsüberzeugungen. Wie viel von dem, was wir Männer glauben, sein oder tun zu müssen, ist nicht lebensfreundlich? Der männliche Perfektionswahn ist es schon gar nicht. Irgendwo fand ich den Ausdruck vom „hinreichend guten Vater", und das ist im Grunde herrlich subversiv. Wie wäre es mit dem hinreichend guten Berufsmann, dem hinreichend guten Vereinsmeier, aber natürlich auch dem hinreichend guten Ehemann und vor allem auch dem hinreichend guten Liebhaber (gilt natürlich alles umgekehrt für Frauen auch). Vor solchen Überlebenskünstlern hätte vermutlich sogar Woody Allen seine Höchstachtung. Der befreiende Mut zum Unperfekten wäre für viele Männer eine lebensbejahende Respektlosigkeit.

4. Die Kunst der Abhängigkeit. Der Weg in das Erwachsenwerden beginnt zunächst mit der Loslösung aus Abhängigkeiten, sei es von der Familie, der materiellen Abhängigkeit von den Eltern, nicht selten der emotionellen Abhängigkeit von der Mutter. Für viele junge Männer ist es ein wichtiger Punkt, wenn sie sich erstmals unabhängig fühlen. Im Hintergrund lauern aber die traditionellen Männlichkeitsklischees, die in der Devise gipfeln: „Selbst ist der Mann!" Vermeintliche Unabhängigkeit gilt als ganz besondere Zutat zu „echtem" Mannsein. Die Ikone der Unabhängigkeit ist der Westernheld, der „Lonesome Cowboy", der nach vollbrachten Taten allein dem Sonnenuntergang entgegenreitet. Der Preis dieser Unabhängigkeit ist jedoch die Einsamkeit: Er braucht zwar niemanden, aber er hat auch niemanden, wenn er jemanden bräuchte. Zum Selbst-ist-der-Mann gesellt sich die Norm, dass ein Mann keine Hilfe braucht, auch wenn er sie noch

so nötig hätte. Spätestens mit der Familiengründung nehmen die meisten jungen Männer definitiv Abschied vom Lagerfeuer, das sie mit niemandem teilen wollen. Sie begeben sich in offensichtliche Abhängigkeiten und ringen nicht selten damit. Die größte Angst ist vielleicht, nun gänzlich unter dem Pantoffel und damit in völliger neuer Abhängigkeit zu stehen. Der alternde Lebenskünstler gibt den mühevollen und sinnlosen Kampf gegen Windmühlen auf. Er weiß, dass wir immer in Abhängigkeiten leben, dass Leben gar nicht anders möglich ist und so auch nicht wünschenswert wäre. Er steht zu seinen Abhängigkeiten, ohne dabei unterzugehen. Er wehrt sich nicht dagegen, aber er verliert sich auch nicht darin. Zunehmend dürfen wir im Geflecht von Beziehungen, in dem wir leben, nicht nur abhängig, sondern auch verletzlich sein. Schluss mit: harte Schale, weicher Kern. Die Kunst der Abhängigkeit ist auch der Mut, sich seines Innenlebens als Mann nicht mehr zu schämen, sich nicht mehr dauernd am Riemen reißen zu müssen, zu den eigenen Gefühlen zu stehen, authentisch und verwundbar zu werden.

5. Die Kunst des Loslassens. Das Leben in der zweiten Lebenshälfte fordert uns in der Kunst des Loslassens. Die Kinder fordern ständig, von den Eltern losgelassen zu werden. Der spürbar älter werdende Körper möchte von Leistungsvorgaben befreit werden, die er zunehmend nur noch mühsam erreichen kann. Unerfüllte Lebensträume machen uns krank, wenn wir sie nicht rechtzeitig loslassen können. Von der Vorstellung, dass die Karriereleiter in den Himmel führe, müssen wir uns manchmal schmerzhaft verabschieden. Und spätestens, wenn die Partnerin in den Wechsel kommt, will auch sie ein Stück weit losgelassen werden in mehr Eigenständigkeit; möglichst genau dann, wenn der Mann sich wieder nach trauter Zweisamkeit sehnt. Es scheint fast, als ginge es wieder zurück in die Einsamkeit des Mannes am Lagerfeuer: die Kinder aus dem Haus, die Frau mit einer Freundin auf Wellness, morgens zwickt der Rücken, dass er die längste Zeit braucht, bis er gerade gehen kann, die Prostata tröpfelt, und aus der Beförderung wurde auch nichts. Die Kunst des Loslassens ist aber mehr als das einsame Wundenlecken am nächtlichen Lagerfeuer. Es gilt

Ja zum Leben zu sagen, wie es ist, mit all seinen Veränderungen und Entwicklungen und damit dem Versinken im Selbstmitleid zuvorzukommen. Ein bewusstes Annehmen von Veränderung schafft neue Perspektiven und Möglichkeiten. Dazu müssen wir aber falsche Bilder und Vorstellungen loslassen, überzogene Erwartungen und unerfüllbare Hoffnungen, Trauer, Schuld, Verletzungen und Rechthaberei. Erst wenn wir dies loszulassen bereit sind, können wir die Schönheiten jeder Lebensphase genießen, die Möglichkeiten, die es immer gibt, auch wenn der Rahmen mit dem Alter ständig kleiner wird. Vieles von dem, was wir loslassen müssen bzw. dürfen, wiegt sehr schwer. Deshalb ist der Gewinn des Loslassens eine neue Leichtigkeit. Und letztendlich ist die Kunst des Loslassens nichts anderes als eine Einübung in die „ars moriendi", in die Kunst des Sterbens. Irgendwann wird es von uns allen verlangt sein, auch das Leben selbst loszulassen.

Die guten Seiten des Älterwerdens

In Männerseminaren haben wir immer wieder gesammelt, was die guten Seiten des Älterwerdens sind, und zwar anhand folgender Fragen: Was ist das Schöne am Älterwerden? Was wäre ein positives Bild eines älteren Mannes? Was muss ich nicht mehr? Was kann ich noch lernen? Herausgekommen ist eine schillernde und breite Palette, die ich in ihrer ganzen Vielfalt hier einfach wiedergeben möchte wie eine appetitliche Speisekarte zur eigenen Selbstbedienung.

Was ist das Schöne am Älterwerden?

Die Gelassenheit im Alltag! Druck fällt weg; die Ehrlichkeit, zu dem zu stehen, was wichtig ist; das Materielle verliert an Wertigkeit; wir können und dürfen, müssen aber nicht mehr; Qualität statt Quantität; ich muss mich nicht mehr beweisen und auch nichts mehr erreichen; wir dürfen es uns selber leichter machen; haben mehr Gestaltungsfreiheit und einen größeren Erfahrungsschatz; haben einen breiteren Blickwinkel; neue Herausforderungen und Ziele stehen an, alte Gewohnheiten dürfen wir ablegen; wir sind genussfähiger, aber auch genügsamer und gelassener. wir haben Zeit für Genuss; können faulenzen; wir dürfen uns ausruhen und Zeit für uns nehmen; mehr Zeit für die Partnerin; mehr Freiheit, größere Freiräume; wir haben Zeit und Geld für Kultur, Zeit für andere Menschen; Zeit für Geselligkeit; können jetzt auch anders reisen, nicht nur nach außen, sondern auch nach innen und Reisen mit Sinn machen; können auch den materiellen Wohlstand genießen. Man kann aus dem Vollem schöpfen bezüglich Erfahrung, hat finanzielle Unabhängigkeit, ist als Ratgeber gefragt; wir besitzen Lebenserfahrung, sind flexibler geworden, auch in vielem unabhängiger und selbständiger; wir haben viele Erinnerungen, können Erntedank halten und dankbar zurückschauen; Verinnerlichung: zu mir kommen, bei mir sein; die Gesundheit in Dankbarkeit bewusst genießen; können vieles weitergeben als Großeltern an unsere Enkel, was Befriedigung gibt und das Selbstwertgefühl steigert. Motto: „Heute ist der erste Tag vom Rest meines Lebens!“

Was wäre ein positives Bild eines älteren Mannes?

Er ist wohlwollend, liebevoll, Anteil nehmend, aufmerksam, hilfsbereit, geduldig, ruhig, nachsichtig, hat eine positive Lebenseinstellung, ist humorvoll, schalkhaft, pflegt sein äußeres Erscheinungsbild, ist vital, unternehmungslustig, gelassen, glaubhaft, echt und zuverlässig. Eine Gruppe verglich den älteren Mann mit der Figur des hl. Nikolaus als gütig, weise, gelassen, glaubhaft, gerade und offen. Weitere Beschreibungen waren: Großzügigkeit, Leichtigkeit und Klarheit, Gelassenheit und Humor, Offenheit und Spontaneität. Er ist Ratgeber und Vorbild, ist als Mensch präsent; hat die Gelassenheit des Alters, steht über den Dingen; ist dem Alter entsprechend vital; strahlt Zufriedenheit aus und Lebensfreude, pflegt soziale Kontakte (Freunde, Vereine) und seinen Humor; kann das Älterwerden annehmen, bleibt neugierig bis ins hohe Alter; ist befreit aus

Zwängen und ehrlich sich selbst gegenüber; ist finanziell abgesichert; kann auch mit seiner Partnerin als Paar älter werden; verbringt mehr Zeit in Gemeinschaft; ist in die Familie eingebettet; wird akzeptiert und respektiert.

Was muss ich nicht mehr?

Ich muss kein Haus mehr bauen; im Beruf nicht die Hure machen, nicht mehr jeden Auftrag annehmen; nicht mehr Familie gründen; nicht mehr den Mt. Everest besteigen, mich nicht mehr dauernd beweisen; nicht mehr allen gefallen; keine Kinder mehr erziehen; nicht mehr hetzen; nicht mehr bei allem dabei sein; muss nicht mehr alles haben und nicht mehr allen alles recht machen; nicht mehr erfolgreich, fremdbestimmt und leistungsorientiert sein; muss keine Partnerin mehr suchen und nicht mehr auf die Pirsch gehen; nicht mehr Karriere machen; nicht mehr Recht haben; mich nicht mehr verleugnen oder verstellen; nicht mehr der Schnellste, Erste oder Beste sein; keine Höchstleistungen mehr erbringen; keine Gefühle mehr unterdrücken; nicht mehr ausschließlich an Nützlichkeit denken; nicht mehr oberflächlich sein, mich nicht mehr nach außen richten; keinen Fusel trinken, keinen schlechten Sex haben, nicht mehr den Hirsch spielen; muss nicht jedem gefallen und nicht nach der Uhr der anderen ticken; nicht mehr nur funktionieren; nicht mehr auf Hobbys und anderes verzichten; mich nicht mehr dauernd beweisen und keine Masken mehr tragen; muss keine Grenzen mehr austesten; muss nur das, was ich will, in Abstimmung mit der Partnerin. Eine Gruppe fasste es so zusammen: Ich muss nicht mehr der Erste sein, nicht mehr so gut ausschauen, nicht mehr jedem gefallen, nicht mehr in jedem einen Rivalen sehen, nicht mehr unbedingt meine Ziele durchsetzen, nicht mehr soviel beruflich arbeiten, nicht mehr so verantwortlich sein für meine Familie, mich nicht mehr überall einmischen, nicht mehr bei jedem Schmarren dabei sein und nicht mehr überlegen müssen, was andere dazu sagen könnten.

Was kann ich noch lernen?

Das Loslassen und Zulassen, nicht immer funktionieren müssen und dazu noch lächeln, gelassen Dinge angehen, über den Dingen stehen, ausruhen dürfen ohne schlechtes Gewissen, verrückt sein und Narr sein, sich selbst finden und sein; Gelassenheit, neue Gemeinsamkeiten mit der Partnerin, Sinnfindung für den Ruhestand (Hobbys usw.), Ruhepausen einbauen, Toleranz; vom Haben zum Sein, Freundschaftspflege, Veränderungen annehmen und akzeptieren, Bedürfnisse ausdrücken, die Partnerschaft, aufeinander eingehen, die Freizeit sinnvoll gestalten, Struktur im Alltag, mehr Gelassenheit und Genussfähigkeit; Beziehungsarbeit in Bezug auf Offenheit, mitteilen, teilhaben lassen, zu mir kommen, bei mir ankommen, Zeit für mich nehmen, in der Partnerschaft Gemeinsames und Verbindendes pflegen.

2. Männerikone im Wandel: Clint Eastwood

Karriere ist ein Pferd,
das ohne Reiter vor dem Tor
der Ewigkeit anlangt.
Karl Kraus

Zu einer populären Männerikone wurde Clint Eastwood bereits mit seinem ersten Western. Kunstvoll stilisierte er den schweigsamen, coolen Revolverhelden mit dem Zigarillo im Mundwinkel. Clint Eastwood entwickelte ein Markenzeichen, das er aber nicht bis auf den letzten Dollar auspresste, sondern selber brach und weiter entwickelte. Die innere Lebenskurve des Mannes lässt sich zum Abschluss fast exemplarisch anhand seiner Filme nochmals auf den Punkt bringen. Clint Eastwood, und das ist gerade das Faszinierende an ihm, verändert sich als Filmfigur, als Schauspieler und Regisseur mit dem Älterwerden, und wenn man die wesentlichen Filme nebeneinander stellt, ist klar, dass er sich treu bleibt, gerade indem er sich verändert. Vom jugendlichen Helden zum heiligen Narren ist es ein großer Bogen, den seine Filme exemplarisch demonstrieren.

Der coole Held: „Für eine Handvoll Dollar"

In einem abgelegenen Dorf werden die Einwohner von rivalisierenden Gangsterfamilien terrorisiert. Ein einsamer, unbekannter, schießwütiger Reiter kommt in das Dorf und bietet seine Dienste beiden verfeindeten Familien an, wird entlarvt und gefoltert, flüchtet sich in eine Mine und kehrt letztendlich zurück, um gnadenlos mit allen abzurechnen – mit dem Colt natürlich. Die Handlung ist absolut hohl und klischeehaft, darin kann der Reiz nicht liegen. Trotzdem hat der Film heute noch eine gewisse Attraktivität, nicht zuletzt hat Regisseur Sergio Leone damit die Tradition des Italo- oder Spaghetti-Western begründet. Es ist der Typ des coolen Westernhelden, den Clint Eastwood kreierte, fragwürdig in vielem, politisch völlig unkorrekt schon damals und trotzdem nicht ganz ohne Faszination: der wortkarge Einzelgänger, der mit Zigarillo im Mundwinkel spricht, zielsicher den Gegnern vor die Schuhspitze spuckt, der schweigsame Fremde ohne Namen, den Hut tief in die Stirn gezogen, den unvermeidlichen Poncho umgehängt, mit den stechenden Augen und dem lakonischen Minenspiel, 1,93 m groß und schlank, der Revolverheld, den offensichtlich gar nichts aus seiner ruhigen Gelassenheit bringen kann, hart im Einstecken wie im Austeilen, der gnadenlose Rächer, auch wenn er selber keine moralisch weiße Weste hat, der schlitzäugige Stratege, bei dem man nie weiß, was er als Nächstes vorhat, mit dem Colt selbstverständlich schneller als alle anderen – ein Bild cooler Männlichkeit, völlig unrealistisch, absolut fragwürdig und doch nicht ganz ohne. Zumindest wünscht man sich nicht unbedingt das genaue Gegenteil als Ideal. Ein bisschen was von diesem Joe, zumindest eine Handvoll Schimanski, könnte manchmal vielleicht nicht schaden. Der jugendliche Held ist hier noch ungebrochen, und er ist immer ein Stück klischeehaft, lebt gefährlich, weil er sich für unverwundbar hält. Es ist eine wichtige Phase, die idealerweise nicht umgangen, sondern von reifen Mentoren begleitet werden sollte.

Der gebrochene Held: „Erbarmungslos"

Schon zehn Jahre vor dem ersten Drehtag hatte Clint Eastwood die Filmrechte für diesen Stoff erworben, mit dem er den ersten Regie-Oskar bekommen sollte. 28 Jahre nach seinem Erstling wurde es nochmals ein Western, der letzte Film, den er eigentlich machen wollte und den er sich deshalb bewusst aufbewahrte, der dann aber doch nicht sein allerletzter Film bleiben sollte. Es ist definitiv sein letztes Wort zu diesem Genre, eine rücksichtslose Demontage seines eigenen Images als Superheld. Der Name ist Programm: „Erbarmungslos" („Unforgiven", 1992).

In einer Kleinstadt wird eine Prostituierte von ihrem Freier brutal niedergestochen und im Gesicht entstellt. Ihre Kolleginnen setzen ein Kopfgeld auf den Täter aus. An der Jagd beteiligt sich auch William Munny, ein alternder und von seinem Treiben desillusionierter Revolverheld, der sich aus dem früheren Leben zurückgezogen hat, Ehemann, Vater und Schweinezüchter wurde. Doch das Leben meinte es nicht gut mit ihm, seine Frau starb jung, und die Farm wurde von der Schweinepest heimgesucht. Auch wenn er es körperlich kaum mehr schafft, ohne Probleme in den Sattel zu kommen, und seine Schießkünste nicht mehr auf der Höhe seiner früheren Zeit sind, macht er sich auf, um das Kopfgeld zu erjagen, mit dem er seine Farm vor dem Ruin retten könnte.

Noch geschwächt von einer fiebrigen Erkrankung, prügelt ihn der Sheriff der Kleinstadt halbtot und jagt ihn davon. Munny und seine Begleiter finden aber die gesuchten Cowboys. Der eine stirbt jämmerlich an einem Bauchschuss, weil Munny nicht mehr so treffsicher ist, der andere wird wehrlos auf der Toilette erschossen. Vermeintliche Heldentaten gibt es in diesem Film nicht mehr wirklich. Als Munny erfährt, dass der verhasste Sheriff seinen Freund zu Tode gefoltert hat, greift er wieder wie früher zur Flasche und reitet in die Stadt, um seinen toten Freund zu rächen. Es ist vermutlich der erste Western, der in einer sintflutartigen, endlos scheinenden Regennacht endet mit einem Duell, das schon lange keines mehr ist. Es hat längst nichts Rühmliches mehr, wie Munny, körperlich und seelisch gezeichnet, im Saloon quasi zum jüngsten Gericht schreitet und ein Massaker anrichtet, den Sheriff und seine Gehilfen erschießt, selber aber nur mehr mit einem kleinen Rest an Leben davonkommt.

Das Heldentum von früher funktioniert nicht mehr, und Clint Eastwood, der in diesem Film für Hauptdarsteller, Regisseur und Produzent steht, rechnet ab mit den Mythen und Verklärungen des coolen Helden. Der alternde Revolverheld hat Fieber, kommt kaum mehr aufs Pferd, trifft nur noch in den Bauch und erschießt Wehrlose auf der Toilette. Sogar das Wetter ist nur noch trostlos beim gar nicht mehr gloriosen Showdown. Das Leben ist erbarmungslos geworden, der Sieg nichts mehr, worauf man stolz sein könnte. Der Film steht für die Krise der Begrenztheit, die Lebensmitte, in der klar wird, dass das jugendliche Heldentum so nicht weitergeht, wenn es denn je funktioniert hat. Es sind gebrochene Figuren, vom Leben gezeichnete, die mühsam nur glauben, die alte Rolle annehmen zu können und dabei im Grunde nur sich selbst zerstören. Der Sheriff selber ist nichts anderes als ein ehemaliger Revolverheld, der zum geläuterten Ordnungsfanatiker wurde. Das Leben geht mit den gnadenlosen Helden jetzt selber gnadenlos um. Nichts bleibt am Ende übrig, das noch zählen würde, das trostloseste Western-Ende, das sich denken lässt. Alles ist tatsächlich nur noch erbarmungslos. Es ist der beeindruckende Schluss Clint Eastwoods zu einem Muster, das fertig ist, das so einfach nicht weitergehen kann. Gott sei Dank ist es aber nicht sein letzter Film geblieben, denn in dieser erbarmungslosen Lebensphase hat auch er neue Weichen gestellt, indem er durchaus mit Ironie sein fortgeschrittenes Alter zu thematisieren begann; was wenige Stars seiner Altersgruppe bisher geschafft haben.

Der Mann als Mentor: „Million Dollar Baby"

Frankie (dargestellt von Clint Eastwood) ist ein ehemaliger Boxer, der nun als Trainer versucht, seinen Schützlingen etwas beizubringen. Machohaft, mürrisch und manchmal unerbittlich ist er immer noch, aber er nimmt sich engagiert und mit Herz seiner Schützlinge an, kämpft für sie, damit sie weiterkommen, und zwar ohne, dass er nur auf das schnelle Geld aus wäre. Er hat eine Tochter, zu der er immer wieder Kontakt sucht, den sie aber verweigert. Neben dem Boxen beschäftigt er sich mit spirituellen Fragen und kontert dem jungen Pfarrer in dessen eigenem Revier. Eines Tages tritt Maggie an ihn heran, eine Serviererin aus ärmlichen Verhältnissen (großartig gespielt von Hilary Swank), die Profiboxerin ist und von Frankie trainiert werden will. Er lehnt es ab, weil sie schon zu alt für eine solche Karriere sei und er zudem keine Frauen trainiere. Maggie bleibt hartnäckig an ihm dran und gibt nicht so schnell auf, was dem alten Trainer imponiert, zumal sie ihn an die eigene Tochter erinnert, zu der er keinen Kontakt mehr haben kann. Wie in einem Verhältnis gegenseitiger Adoption von Ersatzvater und Ersatztochter beginnen die beiden ein intensives Training, das bald schon mit großen Erfolgen belohnt wird. Den Höhepunkt soll ein Weltmeisterkampf in Las Vegas bilden mit einer Gegnerin, die für ihre unfairen Methoden bekannt ist. Als der Ringrichter die Runde schon beendet hat, versetzt sie hinter seinem Rücken Maggie einen Schlag, mit dem sie auf dem Boxschemel landet und sich den Halswirbel bricht. Im Spital muss sie erfahren, dass sie den Rest ihres Lebens vom Hals ab gelähmt sein wird. Mit ihrer eigenen Familie bricht sie, weil sie erst nach Wochen auf Besuch kommt und nur hinter ihrem Geld her ist. Als ihr wegen Komplikationen auch noch ein Bein amputiert werden muss, bittet sie Frankie, die Geräte zu ihrer Lebenserhaltung abzuschalten. Frankie weigert sich jedoch. Nun beißt sich Maggie die eigene Zunge ab, in der Hoffnung, dabei zu verbluten. Sie wird zwar von den Ärzten gerettet, doch Frankie ist klar, wie ernst es ihr mit dem Wunsch ist. Die letzten Sequenzen sind äußerst beklemmend, man überlegt sich als Zuseher natürlich, wie man selber reagieren würde, aber sie sind auch nicht wirklich „erbarmungslos". Sie sind einmal getragen von einer sehr tiefen, innigen und vertrauensvollen Beziehung, in der der alte Frankie ganz für die junge Frau da ist. Er war nie nur ihr Trainer, sondern wurde zu ihrem Mentor, der bereit ist, Verantwortung für sie zu übernehmen, zu einem liebevollen, väterlichen Freund, der nun vor der schwierigsten Entscheidung seines Lebens steht. Faszinierend gespielt von Clint Eastwood, ist diese Männerrolle jetzt weit weg von allen machohaften Boxersprüchen und billigen Anfeuerungsrufen: Er ist gefordert, sie zu erlösen, indem er sie tötet, keine restlos überzeugende Erlösung, aber die letzte Liebestat, um die sie ihn bittet. Früher hätte er vielleicht den Colt gezogen, doch mit der hier angesprochenen Tiefe des Lebens haben sich die jungen Helden nicht befasst. Für den alternden Boxer ist es eine riesige Herausforderung und gleichzeitig die Chance, verantwortungsvoll, milde und weise zu werden. Der Punkt, den er auf seinem Weisheitsweg am Ende des Filmes erreicht, ist die Aufforderung zu verantwortungsvollem Handeln, ohne definitiv wissen zu können, was Richtig oder Falsch ist. Er muss in einer Situation handeln, in der es kein Richtig oder Falsch mehr gibt.

Vom Held zum Erlöser: „Gran Torino"

Im bislang letzten Film, in dem er auch selber die Hauptrolle spielte, geht Clint Eastwood noch einen Schritt weiter. Diesmal mimt er Walt Kowalski, einen mürrischen Kriegsveteranen und pensionierten Ford-Mitarbeiter, der gerade seine Frau beerdigen musste und in Folge mit seinen Söhnen und ihren Familien bricht, weil er mit ihnen nicht zurande kommt und von ihnen seine amerikanischen Ideale verraten sieht. Wer eine unmittelbare Fortsetzung von „Million Dollar Baby" erwartet, wird zuerst enttäuscht sein oder umso gespannter. Eastwood spielt einen mürrischen alten Mann, der mit sich und der Welt im Krieg ist, nichts ist ihm mehr recht. Die Bilderwelt ist vorerst ganz die alte, wenn auch gealtert: der wortkarge Einzelgänger, das zynische Minenspiel, viele Zutaten wirken wie Zitate aus früheren Filmen. Den Tag verbringt er mit ein paar Reparaturarbeiten am Haus, sitzt ansonsten auf der Veranda, trinkt Bier und raunzt über die Nachbarn und die Jugend. Neben ihm wohnen ostasiatische Migranten, für ihn nur „Sumpfratten", die er sich „zurück in den Dschungel" wünscht. Er ist zynisch, rassistisch, und nur wenigen gelingt es, den weichen Kern hinter seiner harten Schale zu finden. Den tiefsten Zugang zu ihm findet ausgerechnet Thao, der asiatische Junge der Nachbarsfamilie: Eines Tages hört Walt Geräusche in der Garage, wo der 1972er Ford Gran Torino steht, den er eigenhändig noch zusammengeschraubt hatte. Es ist Thao, der als Aufnahmeritus in die gefürchtete Straßengang dieses Auto stehlen soll. Walt verhindert den Diebstahl und einen weiteren Überfall der Jugendgang, wodurch er ungewollt zum Helden des Viertels wird. Die asiatischen Nachbarn kommen mit Dankesbekundungen, ihre Geschenke aber stellt er neben die Mülltonne.

Die Familie möchte, dass Thao seine Schuld abarbeiten kann, und so entsteht allmählich zwischen Walt und dem Jungen ein väterliches Mentorenverhältnis. Er nimmt Thao unter seine Fittiche, beschützt ihn vor der Gang, besorgt ihm Werkzeug, lässt ihn im ganzen Viertel Reparaturarbeiten machen und verschafft ihm eine Anstellung bei einem befreundeten Bauarbeiter. Die Situation im Viertel eskaliert, als die Gang auf das Nachbarhaus schießt und Thaos Schwester vergewaltigt. Walt beschließt mit Thao einen Rachezug, erklärt ihm aber, dass man sich da Zeit lassen müsse, damit man nichts falsch mache. Thao wird immer ungeduldiger, während völlig unklar bleibt, was Walt tatsächlich vorhat. Walts Gesundheitszustand als langjähriger Raucher ist inzwischen hoffnungslos, und er spuckt immer wieder Blut. Am vereinbarten Tag sperrt er Thao mit einem Trick im Keller ein und macht sich allein auf den Weg. Vorerst schaut es tatsächlich so aus, als wollte es der alte, ponchobehangene Joe im Alleingang noch einmal mit einer ganzen Gang aufnehmen.

Das kann es aber nicht sein, spürt man als Zuseher instinktiv und ist völlig ahnungslos, wohin das Ende dieses alten Veteranen führen soll. Er stellt sich vor das Haus der schwer bewaffneten Gang und provoziert sie, auf ihn zu schießen, indem er vielsagend in seine Innentasche greift, von wo er allerdings nur sein altes Feuerzeug hervorzieht. Unbewaffnet und wehrlos stirbt Walt im Kugelhagel der Jugendgang. Während seine Leiche abtransportiert wird, werden die Gang-Mitglieder festgenommen, und damit ist das ganze Viertel von einem gewalttätigen Alptraum befreit. Walt erlöst Thao, die Nachbarn, das ganze Viertel, indem er regelrecht sich selber opfert. Es mag sentimental klingen, aber der alte, mürrische Veteran gibt sich hin für die anderen. In einem der letzten Bilder liegt der erschossene Walt mit ausgebreiteten Armen wie der Gekreuzigte auf der Straße. Aus dem zynischen alten Helden, der mit der Welt nicht mehr klarkommt, wird, für die Zuseher ziemlich unerwartet, der heilige Narr, der sich opfert für die anderen, damit sie leben können.

3. Die innere Lebenskurve der Frau

Man merkt,
wir sind beide über fünfzig,
aber Sally eindeutig auf der
guten Seite des Jahrzehnts,
ich schon eher auf der schlechten.
Arno Geiger, Alles über Sally

Wie schön wäre es, hätten Mann und Frau dieselbe Lebenskurve, könnten gemeinsam einander tröstend durch dieselben Umwandlungen der Lebensmitte gehen, Händchen haltend miteinander in aller Ruhe langsam älter werden. Doch das Leben ist selten so wie in der Wahrnehmung von Verliebten, stattdessen bleibt gerade in der mittleren Lebensphase eines Paares oft kein Stein auf dem anderen, und alles muss neu ausverhandelt werden. Genau in dieser Phase sind die Kurven nämlich gegenläufig, trifft der männliche Abstieg auf den weiblichen Aufstieg. Die folgende Skizze der inneren Lebenskurve der Frau soll kein männlicher Ratgeber für Frauen sein, dafür sind die Frauen selber zuständig. Doch das, was sich in vielen Partnerschaften um die Lebensmitte tut, ist eine Herausforderung, die verständlich wird, wenn man die beiden Lebenskurven übereinanderlegt. Es sind Bilder, die Vorgänge nachvollziehbar werden lassen, damit vielleicht ein Stück beruhigen. Mit einer Herausforderung lässt sich leichter umgehen, wenn klar ist, worin sie besteht, und dann sind auch Lösungen eher zu finden.

Der flache Beginn

Die innere Lebenskurve, wie sie hier skizziert werden soll, betrifft Frauen, die heute etwa 40 Jahre und älter sind, denn die Lebenskurve der jüngeren Frauen gleicht sich eher jener der Männer an. Früher jedenfalls war der Beginn der weiblichen Lebenskurve kein dem männlichen Heldenweg vergleichbarer Aufstieg. Als ich als Erstgeborener das Licht der Welt erblickte, bekamen meine Eltern vorgedruckte Karten, in denen ihnen zum „Stammhalter" gratuliert wurde. Wäre ich ein Mädchen gewesen, hätte es solche Karten nicht gegeben; unabhängig davon, dass mich die Eltern genauso geliebt hätten. Zumindest der gesellschaftliche Status war damals ein minderer, auch wenn sich Mütter nicht selten über Töchter besonders freuten, weil sie mit ihnen mehr von ihrem Frauenleben teilen konnten. Die Lebensläufe waren noch stärker von vorgegebenen Mustern geprägt als heute. Während den Jungen mehr Autonomie zugestanden wurde, war von den Mädchen mehr Anpassung gefordert: Das tut ein Mädchen nicht! Benahmen sich Jungen rüpelhaft, wurde ihnen das nachgesehen, weil es eben Jungs waren, während für Mädchen eher das Motto „brav und anständig sein" galt.

Für die modellhafte Lebenskurve der heute über 40-jährigen Frauen (und teilweise auch noch jüngeren) bedeutet das: Sie wuchsen zunächst einmal in größerer Abhängigkeit und Bedürftigkeit auf, sind damit stärker sozial orientiert und suchen sich selbst mehr in Beziehungen als in Visionen und Idealen. Die weiblichen Rollenzuschreibungen waren durchwegs eher passiv. Frauen mochten zwar in einem Schloss wohnen und sich wie Prinzessinnen fühlen, aber auch als solche hatten sie auf den Prinzen zu warten. Der hatte zunächst noch ganz andere Dinge im Kopf, wollte der Stärkste sein, Turniere gewinnen, sich mit gleichaltrigen Jungs messen. Irgendwann trieben ihn die Hormone dann schon zur Burg, wo er, wieder in aktiver Rolle, seine Prinzessin erobern konnte. Der Aufstieg und das Heldentum der jungen Männer wurde zwar bewundert, schließlich wollen Frauen keinen Versager als Mann, gleichzeitig aber auch zu Recht misstrauisch betrachtet. Geht man von jener verbreiteten Biografie aus, in der die jungen Frauen relativ früh heirateten und Kinder bekamen, heirateten sie im Grunde einen „unfertigen Helden", gebaren Kinder und reiften mit der Herausforderung relativ schnell zu einer „fertigen Mutter".

Grundsätzlich ist die Konstellation „unfertiger Held“ und „fertige Mutter“ nicht ganz ungefährlich. Während der Prinz nach der Familiengründung wieder „hinaus ins Leben“ musste, seinen „Heldenweg“ weiter ging, letztlich ja auch für die Sicherung und den Unterhalt seiner Familie verantwortlich war, konnte bei der jungen Mutter bald das Gefühl aufkommen, von ihrem Prinzen in der nicht immer leichten familiären Situation im Stich gelassen oder zu wenig unterstützt zu werden. Hier passierten nicht selten unbeabsichtigte Verletzungen, die Paare dann auf ihrem Beziehungskonto speicherten und die Jahrzehnte später noch zu Vorhaltungen führten.

In traditionellen Kulturen sind für die Jungen vielfältige Formen männlicher Initiation überliefert, recht brutale Rituale manchmal, in denen es darum ging, ihnen die Härte des Lebens und die eigene Begrenztheit bewusst zu machen. Rituale der Demut, die zur Reifung der jungen Männer beitragen sollten. Interessanterweise gibt es sehr wenig zum Thema der weiblichen Initiation. Einmal hat es damit zu tun, dass diese Initiation nicht vor den Augen der Männer geschah und deshalb auch kaum dokumentiert ist. Vermutlich war sie auch ein weniger augenfälliges Spektakel, als wenn die Männer etwas unternahmen. Es gibt aber für die jungen Frauen so etwas wie eine natürliche Initiation, die sehr stark über den weiblichen Körper, geht und mit der Monatsblutung und dem Geburtserleben zu tun hat. Im lateinischen Wort für Demut, humilitas, steckt der Humus drinnen, die Erde. Versuchte man das den Jungen über aufwändige Rituale beizubringen, lehrt es die jungen Frauen ihr Körper, und so erfahren sie schon früh eine viel stärkere Erdung durch ihr eigenes Körpererleben; für uns Männer gibt es ja keinen Schmerz, der natürlich wäre. Reift eine Frau an all diesen frühen Erfahrungen beispielsweise als junge Mutter, lernt sie die eigene Machtlosigkeit und Eingebundenheit in die Zyklen des Lebens zu akzeptieren, damit gut umzugehen, und entwickelt weit weniger als die Männer den Zwang, alles kontrollieren zu müssen. Demgegenüber gibt es allerdings auch den unreifen Weg der jungen Frau, nämlich den systematischen Versuch, Macht und Kontrolle über Beziehungen zu erhalten.

Altersangaben sind in diesem Zusammenhang natürlich immer symbolisch zu verstehen, zumal es neben Standardmustern vielfältigste biografische Varianten gibt. Insofern müssen die Grundüberlegungen dieser Lebenskurven im Einzelfall immer angepasst werden. Umgekehrt ist es naheliegend, von eher standardisierten Biografien auszugehen als von eigenwilligen Variationen. Was Männer erst über 30 erreichen, ihre eigene Identität, erreichen Frauen viel früher etwa im Alter von 22 Jahren, und zwar sehr wesentlich über ihre Beziehungen zum Mann, zum Kind, zur Familie. In den traditionellen Biografien ist es häufig so, dass die junge Frau ihre Aufgabe durch die Natur gefunden hat und nicht durch Kampf, Leistung und Eroberung wie bei den jungen Männern. In dieser Identität entwickelt sie schon sehr früh ein durchlässiges Selbst und einen Sinn für sich selber, der viel flexibler ist, weil er auf ein herausforderndes Beziehungsgeflecht bezogen ist. Sie weiß, dass sie nicht alles so „im Griff" haben kann, wie die Männer gerne alles „im Griff" hätten. Sie ist wesentlich offener, sich von anderen beeinflussen und ändern zu lassen und dabei zu wachsen. Die Kehrseite davon: Nicht selten haben junge Frauen mehr Zweifel an sich selbst, die „Nur"-Frauen, die sich ständig für etwas zu entschuldigen scheinen, weil es eben „nur …" sei. Im Gegensatz dazu wirken junge Männer regelrecht präpotent. Es hängt vielleicht damit zusammen, dass die junge Frau in dieser Phase der eigenen Identität verwundbarer ist, weil sie gleichzeitig stärker abhängig ist von anderen und vom sozialen Gefüge. Nicht zuletzt bleibt sie ja auf dem Schloss zurück, wenn der Prinz wieder ausreitet.

In der Phase, in der der junge Held sich selber für nahezu unverletzlich hält, haben Männer oft Probleme, die Verletzungen der Frau zu verstehen. Männer sind ein Stück unverwundbarer, weil sie sich stärker abschirmen, Frauen verwundbarer, weil sie die Dinge mehr in sich hineinlassen. Da ist nicht das eine besser als das andere, aber es kann zu Missverständnissen und ratlosen Paarsituationen führen. Wir Männer schirmen oft zu viel ab und geraten dann in eine umso größere Krise, wenn das Abschirmen nicht mehr funktioniert. Frauen hingegen sind durch Verletzungen besser auf Krisen vorbereitet, lassen manchmal aber auch zuviel in sich hinein, wo sie sich durch Abschirmen besser schützen könnten.

Die Mitte des Lebens

Nun folgen etwa zwanzig Jahre von 22 bis 42, die die Mitte des Lebens in der Kurve der Frau bilden, weniger hoch oben als die der Männer, da der Aufstieg viel flacher war, aber auch weniger krisenanfällig. Partnerschaft, Familie und Beruf bestimmen das Leben und den Alltag der Frau. Es macht den Eindruck, als hätte sie ganz einfach zu funktionieren, und es ist eine Lebensphase mit relativ wenig Selbstbestimmung, während er an der Karriere weiterbastelt. In ihrer Arbeit ist sie jedoch in einer stärkeren Verbindung von Körper und Geist, was die Männer viel mehr trennen und auch trennen müssen. Sitzt er geistdominiert tagsüber am Schreibtisch, pflegt er abends den Körper auf dem Mountainbike; arbeitet er tagsüber körperorientiert, dient ihm die Familie und das Daheim hauptsächlich der Regeneration. Bei Frauen sind diese Dinge vermutlich stärker beisammen, sie lernen mehr vom Jetzt, vom Konkreten und Gewöhnlichen, weshalb sie sich auch weniger in Ideale oder Ideologien verlieren. Sie lernen aus dem Fluss des Lebens, dass nicht alles kontrolliert oder verstanden werden kann, was Männer in der kritischen Phase der Lebensmitte oft nach einschneidenden Ereignissen erst schmerzhaft lernen müssen. Sie reift fließender an den Widersprüchlichkeiten des Lebens, an Liebe und Einsamkeit, an Verlust und Loslassen.

Auch dieser Prozess der Reifung ist kein Automatismus und braucht vermutlich Liebe, Unterstützung und Reflexion. Körper und Geist können auch in den Leerlauf kommen, ohne Plan oder Ziel, und dann wird schnell alles oberflächlich. Wenn Frauen in dieser Phase wenig Gespür für sich selbst entwickeln, bleiben sie gefangen im Funktionieren, im Körper, in ihren Pflichten. Dann ist das Leben irgendwann nur noch Problemlösen, garniert mit Klatsch und Geschichten, aber ohne Reifung oder spirituellen Aufstieg.

Die Krise

In der Lebensmitte haben die Frauen uns Männern gegenüber einen Vorteil. Sie haben eine ganz hochoffizielle Krise, von der alle wissen und die anerkannt ist: Sie kommen in den Wechsel. Da kann man heute noch sosehr von der männlichen Menopause reden, eine sogenannte „Andropause" postulieren, es ist einfach nicht vergleichbar. Die Krise der Lebensmitte der Frau hat einen klaren Anlass, einen objektiven Grund gleichsam, um den sie mancher männliche „Midlife-Krisler" sogar beneiden mag. Sie hat etwas, das man sogar aussprechen kann.

Die Krise der Frau ist zunächst wiederum von der Natur vorgegeben und spielt sich zunächst über den Körper ab, nämlich der radikale Abbau des weiblichen Östrogens, eine Veränderung, zu der es in dieser Form bei uns Männern nichts wirklich Vergleichbares gibt. Und doch sind die körperlichen Symptome wie Hitzewallungen oder Schlafstörungen noch nicht die große Krise. Je nach Lebenssituation aber kann bei Frauen der Wechsel auch relativ unscheinbar vorübergehen.

Zu einem dräuenden Gewitter wird der Wechsel erst, wenn sich zusätzlich zu den körperlichen Veränderungen die Lebenssituation im Umbruch befindet. Bei Müttern trifft die Menopause häufig auf genau jene Phase, in der die Kinder versorgt oder schon aus dem Haus sind und die Mutterrolle wegbricht. Das ist, wie wenn man ihnen den Teppich unter den Füßen wegzieht. Für Frauen, die sich weitgehend über das eigene Muttersein definiert haben, ist diese Phase besonders krisenhaft. Sie ist verbunden mit dem Verlust von Lebenssinn, von Bedeutung und persönlicher Befriedigung. Ohne dass schon etwas Neues parat stehen würde! Diese gewittrige Umbruchsphase kann durchaus von Zorn begleitet sein, vielleicht das weibliche Gegenstück zur männlichen

Depression in dieser Phase. „Wo bin ich geblieben? Wer hat mich mir vorenthalten?", lautet jetzt die zornige Frage im Gegensatz zum depressiven „War das alles?" der Männer. Es ist ein kleiner Aufstand, der vonstattengeht, noch ohne klare Richtung vorerst, eine vielleicht notwendige Zeit von Kummer und Neubewertung des eigenen Lebens. Aber es ist ein „status nascendi", ein Zustand, in dem etwas Neues geboren wird. Der Phönix rumort manchmal schon ganz ordentlich unter der Asche. Die weisen alten Frauen, die da eine große Hilfe sein könnten, sind vermutlich genauso rar wie unsere weisen alten Männer, nach denen wir uns zuweilen sehnen. Nicht zuletzt ist es vermutlich eine spirituelle Herausforderung, die Frauen über diese Phase hinauswachsen lässt.

Männer sind gegenüber diesem Geschehen bei allem Bemühen im Normalfall ratlos. Was sollen sie auch anderes sein? Männer können in dieser Lebensphase keine große Hilfe für die Frauen sein. Zum einen haben wir gleichzeitig viel mit uns selber zu tun, und zum anderen ist es für uns nur schwer zu verstehen, was da in der eigenen Frau vorgeht. Die meisten Männer sind zuerst einfach hilflos, wenn sie in ihrer Wahrnehmung zuhause statt der stolzen Mutter plötzlich eine unzufriedene Zicke oder eine Heulsuse vorfinden. Zum Trost für uns Männer: Wir sind auch nicht verantwortlich für das, was da geschieht. Es ist ein eigener Prozess, den die Frau durchmacht, durchmachen muss, und den sie selber nicht immer versteht. Wir Männer sind daran weder schuld noch können wir die Lösung sein. Für den Mann wäre es hilfreich, wenn ihm die Partnerin sagt, womit er sie unterstützen kann.

In den gemeinsamen Seminaren erklärt es meine Kollegin Luise Beiter den Frauen so: „Wechseljahre sind ein Wechsel vom Muttersein in eine neue, freiere, eigenständigere Lebensphase. Dazu ist es nötig, die Kinder ins Erwachsensein zu entlassen, statt sie mit großer Fürsorge weiter an sich zu binden. Eine neue Phase braucht neue Orientierungen, neue, stimmige Lebensperspektiven und natürlich die Bereitschaft, Veränderungen zuzulassen. Der Wechsel heißt nicht, eine unansehnliche und zickige, alte Frau zu werden. Umgekehrt gilt es, sich ganz bewusst vom Mythos des ewigen Jungseins zu verabschieden. Jugendliche, faltenlose Frauen sind schön, und ältere, das reiche Leben ausstrahlende Frauen sind ebenso schön. Und die lästigen Hitzewallungen kann man schließlich auch als Ausdruck der lebendigen, heißen Frau sehen."

Der weibliche Aufstieg

Was auf die Krise folgt, ist nun tatsächlich eine Art Schubumkehr. Da bricht der Phönix aus der Asche, breitet mächtig seine Schwingen aus und fliegt in die Höhe. Im Alter zwischen 50 und 65 folgt ein Aufstieg, wie er in der weiblichen Lebenskurve noch nicht da war. Die Krise und der Schmerz haben sich gewandelt, und manchmal ist es tatsächlich wie ein nochmaliges Geborenwerden, eine erstaunliche Kombination aus Kraft und Verwundbarkeit, aus der ein neuer Lebensabschnitt entsteht. Die Frau weiß jetzt, dass sie weiß, auch wenn sie es nicht immer vernünftig erklären kann – manchmal fast beängstigend für Männer. In dieser Lebensphase entwickeln viele Frauen ein völlig neues Selbstbewusstsein. Jetzt sind sie selber gefragt, wissen, was sie selber wollen, auch wenn es ganz neue Ziele sind. Nicht alle natürlich, manch eine Frau versucht schon, sich aus dem Mama-Dasein nahtlos ins Oma-Dasein zu schleichen, nicht immer zur Freude des Partners. Doch mit dem Neuaufbruch haben die Männer genauso ihre Probleme, wenn die Partnerin sich nicht mehr so angepasst verhält, mehr auf ihre Eigenständigkeit pocht, widerständiger ist, streitbarer, in gewissem Sinn also durchaus „männlicher". Vor allem aber sind die Frauen, zur Enttäuschung der Männer, in dieser Phase bei weitem nicht mehr so auf den Partner fixiert, wie er es gewohnt ist. Genau jetzt, wo er sich langsam beginnt, nach gemütlicher Zweisamkeit zu sehnen, hat sie ganz andere Dinge im Kopf. Während seine Welt wieder beginnt, kleiner zu werden, bricht sie auf in neue Welten – für Partnerschaften keine einfache Phase.

Ähnlich wie in der Männerkurve gibt es aber auch auf Frauenseite falsche Abzweigungen des verweigerten Aufstiegs beziehungsweise des ungebrochenen Aufstiegs. In der Krise der Wechseljahre steht ähnlich wie bei den Männern der Weg in die Verbitterung offen. Es sind Frauen, die sich vom Schmerz, von der Krise nicht verwandeln lassen, keine Veränderung zulassen, keinen Aufbruch wagen. Je nach Variante schimpfen sie oder klagen sie, statt neue Ziele in ihrem Leben anzugehen. Letzteres ist der depressive Weg, manchmal mit Süchten verbunden, der im Selbstmitleid endet. Es ist die „arme Frau", bei der immer die anderen schuld sind, der man aber auch nicht helfen kann. Sie zieht ihren Status daraus, „arm" zu sein, und will deshalb nichts daran ändern. Der andere ist der zynische Weg, der aggressive, auf dem sie zur Rächerin wird, bei der Zorn zu einer prinzipiellen Angelegenheit wird, was auch generalisierter Zorn auf Männer sein kann. Im Märchen ist das die Hexe auf dem Besen, die anderen damit um die Ohren fliegt, und nicht die Hexe als Heilerin.

Die weise Alte

Etwa zwischen 60 bis 65 Jahren steht noch einmal ein Umbruch an, denn auch mit dem weiblichen Aufstieg kann es nicht bis ins hohe Alter so weitergehen. Entsprechend dem männlichen alten Narren, der den Abstieg verweigert, ist es nun etwas später die „böse Alte", die wie die Hexe auf dem Besen immer weiter hinauffliegen will. Sie weiß nicht nur alles, sondern weiß alles besser und muss das alle tadelnd spüren lassen. Bei ihr wurde die Lebenserfahrung nicht zur Weisheit, sondern zur Besserwisserei. Sie nützt ihre Kraft nicht für andere, sondern nur für sich selber. Ihre Meinungen und ihre Wutanfälle dienen nur noch dazu, andere zu blamieren und sich selbst zu schützen, womit sie auch zunehmend vereinsamt. Nicht grundlos wohnt die Hexe bei „Hänsel und Gretel" allein im tiefen Wald. Gerade das Bild der Hexe in seiner Vielfalt zeigt aber schön die beiden Möglichkeiten der älteren Frau, denn statt zur bösen Hexe kann sie genauso zur wohltuenden Heilerin werden.

Leider gibt es nicht viele offensichtliche Bilder für das weibliche Pendant zum heiligen Narren; auch klingt „heilige Närrin" etwas zweifelhaft. In der Märchenwelt tummeln sich eher die Hexen, boshaften Schwiegermütter und eifersüchtige Königinnen. Die weise Alte ist eine starke Frau, innerlich wie – trotz des Alters – oft auch noch körperlich. Sie hat durch den Aufstieg zu einem neuen Frausein gefunden, und das reicht jetzt auch, sie braucht nicht mehr weiter zu steigen, niemandem mehr etwas zu beweisen, auf niemanden mehr böse zu sein. Sie kann mit Erbarmen, Mitleid und Vergebung leben, sie „versteht" nun in einem tiefen, sehr umfassenden Sinn und hat es nicht nötig, andere zu bestrafen oder zu beschämen. Es ist die endgültige Lady, die alles hat, weil sie dort war, und die nun heilsam für andere sein kann.

In den Märchen und Sagen sind es universelle Stereotype: die starke alte Frau und der weiche alte Mann. Wenn sie beide ihren Weg gut gegangen sind, können sie sich auch als Partner ganz neu begegnen.

4. Partnerschaft ab der Lebensmitte

In der Realität gehört die Unordnung zur Liebe dazu wie der Alkohol ins Bier.
David Precht

Nachdem die Kinder aus dem Haus sind und der Hund möglicherweise schon unter der Erde, könnte also das Leben beginnen. Stattdessen aber schnellt die Scheidungsrate in die Höhe. Partnerschaft in und nach der Lebensmitte ist vielfach ein vermintes Gelände, wo es für Mann und Frau Gründe gibt, aufmerksam zu sein und aktiv am Ball zu bleiben. Es ist schön, wenn die Liebe bleibt – doch verändern wird sie sich auf jeden Fall. Manchmal bleibt kein Stein auf dem anderen, wenn die Kinder aus dem Haus sind, die Frau im Wechsel und der Mann in der Midlife-Krise. Nicht nur wir selber verändern uns mit dem Älterwerden, sondern auch die Rahmenbedingungen, in der die Partnerschaft gelebt wird. Die nachelterliche Gefährtenschaft ist etwas Wunderschönes, eine Phase in der Partnerschaft mit ganz neuen Qualitäten, aber meist stellt sie sich nicht von selber ein, sondern muss erst gemeinsam errungen werden.

Viele Menschen haben Angst vor Veränderung, weil sie neu und unvertraut ist. Gerade Männer hätten gerne, ihre Frau bliebe immer so, wie sie ist. In der Phase der Lebensmitte ist aber fast alles nicht mehr so, wie es war. Deshalb kommen beide in dieser Lebensphase nicht daran vorbei, die Paarbeziehung neu auszuverhandeln, und zwar nicht nur den Stellenwert der Sexualität. Es geht darum, neue Beziehungsqualitäten zu entdecken, wieder Gemeinsamkeiten zu finden, mit Undefinierbarem zu leben und ohne einfache Lösungen auszukommen. Veränderung heißt aber nicht Verschlimmerung. Das Ziel dieses Prozesses könnte sein: reifer zu werden, die neue Lebensphase humorvoll und weise zu gestalten, die gemeinsam verbrachten Jahre wohlwollend zu betrachten und, statt das Negative in den Vordergrund zu rücken, miteinander die Früchte zu ernten.

Krise trifft auf Krise

Manchmal kommen Paare in die Beratung, wo der Mann glaubt, die Frau sei krank, dabei ist sie nur im Wechsel. Meine Kollegin erzählte von einem, der meinte: „Meine Frau spinnt. Könnten Sie nicht etwas tun, damit sie wieder so ist wie früher?!" So naiv das klingt, bringt es doch die Verzweiflung des Mannes ehrlich auf den Punkt. Es ist gerade für Männer in dieser Phase nicht einfach zu akzeptieren, dass es nie mehr so sein wird, wie es einmal war, dass sich schlichtweg alles verändert. Die Wechseljahre der Frau sind kein plötzlich eintretendes Ereignis, sondern ein Prozess, der sich über Jahre hinzieht. Frauen sind in dieser Zeit nicht krank, aber sie verändern sich – körperlich, seelisch und sozial. Diese Veränderungen betreffen wohl oder übel auch uns Männer, wenn die Frauen sich um die Mitte des Lebens auf einmal weniger angepasst verhalten und mehr auf ihre Eigenständigkeit pochen. Für manche Männer mögen die Wechseljahre der Frau ein Schreckgespenst sein, aber es ist für beide eine Chance. Nur trifft sie viele von uns in einer Phase, in der wir mit uns selber genug zu tun hätten. Die Frau im Wechsel, der Mann in der Midlife-Krise – das kann schon eine explosive Mischung sein.

Je nach Altersunterschied des Paares und je nach individueller Biografie sind verschiedenste Variationen möglich, wenn man um die Lebensmitte die beiden Kurven übereinander legt. Die heißeste Variante ist zweifellos, wenn zeitgleich Krise auf Krise trifft, und das ist gar nicht so selten der Fall. Wie so oft im Leben steht auch hier kein Warnschild an der Stelle, wo aus dem Spazierweg plötzlich eine Gratwanderung wird. Im Allgemeinen sind wir auf die Krisen der Lebensmitte kaum vorbereitet, und wenn wir gerade mittendrinstecken, verstehen wir am allerwenigsten, was mit uns los ist. „Romeo und Julia in der Midlife-Crisis" nennt

Brigitte Hieronimus ihr Buch über Liebe, Lust und Leidenschaft in turbulenten Zeiten, in dem sie, und das ist die Stärke des Buches, sehr persönlich als Frau ihre eigenen ehelichen Turbulenzen beschreibt: „Gewitterwolken am ehelichen Horizont. Meine Stimmung ist ständig blitzgeladen. Jeder, der sich mir in den Weg stellt, wird auf der Stelle erschlagen. Jedenfalls verbal. Ich rede jeden platt an die Wand, bin echt unausstehlich. Wechselweise gereizt und aggressiv. Wahlweise launisch und lustlos. Mit Vorliebe dem Gatten gegenüber. Der lässt sich diesbezüglich auch nicht gerade lumpen, kontert immer öfter cholerisch. Hormone dirigieren uns unbekannte Melodien, von denen wir keine einzige Note beherrschen." (59f)

Mitten in der Krise sind es tatsächlich „unbekannte Melodien, von denen wir keine einzige Note beherrschen", und das gilt für Männer und Frauen gleichermaßen. Es ist sehr viel in Bewegung, aber es fehlen uns die Deutungsmuster, um zu verstehen, was los ist. Stattdessen beherrschen Unruhe und Ratlosigkeit die Szene, machen sich Aggressivität und Sprachlosigkeit breit. Brigitte Hieronimus nahm sich eine Zeit lang eine eigene Wohnung, um wieder zu sich selbst zu kommen, aber was dieses „Zu-sich-selber-Kommen" bedeuten sollte, war ihr alles andere als klar: „Was wollte ich denn überhaupt? Ich wollte, dass er auf mich wartete. Ich wollte, dass er mich weiter liebte. Ich wollte, dass er niemanden neben mir hatte. Ich wollte nicht ersetzt werden. Ich wollte nur ein bisschen alleine leben, damit ich wieder zu mir finden konnte. Ich will. Ich will. Ich will. Das schien mein einziges Vokabular zu sein." (65)

Eigentlich sollte der Mann in dieser Situation ein Fels in der Brandung sein, und manche schaffen das auch, nicht selten sucht aber der Fels selber gerade einen Halt und eine Orientierung in der eigenen Brandung. Strapaziert man nochmals Odysseus, den legendären Irrfahrer, auf seinem Weg zurück in die eheliche Heimat, so muss er wieder einmal zwischen Skylla und Charybdis hindurch den Weg finden mitten auf dem offenen Meer. Den stürmischen Mittelweg auszuhalten, ist vermutlich schwieriger als die verbreiteten Fluchtmuster.

Peter steht für das Muster, das man dem (über)verständnisvollen, ganz an den Bedürfnissen seiner Partnerin orientierten Mann zuschreiben kann. Jede noch so kleine Zuckung seiner im heftigen Wechsel befindlichen Frau nimmt er persönlich. So frägt er sich ständig, was er falsch mache, was er übersehen habe, und sucht in allem die Schuld bei sich. Das ist für sie zuerst nicht unangenehm, aber im Grunde weiß sie, dass ihr Mann nicht „schuld" an ihrer Wechselkrise ist. Seine Lösung ist, alles für seine Frau zu tun, damit es ihr wieder besser geht. Dieses „alles" ist für sie allerdings die totale Überdosis. Sie spürt instinktiv, dass sie seine (Über)Fürsorglichkeit gar nicht verdient, zumal er damit ihr Problem nicht lösen kann und ihr zunehmend auf die Nerven geht. Je mehr er versucht, ihr alles recht zu machen, verliert sie jede Achtung vor ihm als Mann, zieht irgendwann die Konsequenzen und von zuhause aus. Natürlich kann das zuerst niemand verstehen, wo er doch alles für sie getan hat. Genau das war aber ihr Problem, denn „alles" mag in der Verliebtheit eine schöne Sache sein, für eine reife Paarbeziehung ist es auf jeden Fall zu viel. Für Peter selber bricht nun die Welt zusammen, und er braucht lange, um zu verstehen, dass sein Verhalten zwar gut gemeint, aber letztlich doch eine Sackgasse war.

Eine Variation des „Alles-tun-Musters" ist das „Nichts-tun-Muster", wenn Männer den Herausforderungen der zunehmend selbstbewussten und sich verändernden Frau aus dem Weg gehen und gar nicht den Versuch unternehmen, ihr ein ebenbürtiger Partner zu sein. Im Fall von Sarah, und diese Variante ist nicht selten, hat sich ihr Mann im Grunde nie wirklich von seiner Mutter gelöst und instinktiv eine Partnerin gesucht, die für ihn die Mutterrolle übernimmt. Als die eigenen Kinder klein waren, ging es noch gut, doch je älter Sarah wurde und sich im Gegensatz zu ihrem Mann als Frau weiterentwickelte, war es für sie zu viel, und sie ging weg. Aus heutiger Sicht hört sich ihre Geschichte folgendermaßen an:

Geheiratet habe ich das, was man einen „handsome man" nennt, einen feinen, angenehmen Mann, um den mich anfangs einige beneidet haben. Die Kehrseite der Medaille? Aus einem behüteten Elternhaus mit einer dominierenden Mutter stammend, die alles für ihre Männer organisierte, erwartete er diese Dominanz auch von seiner Frau bzw. war der Ansicht, dass die Rollenverteilung der Frau im Haushalt gleich weitergehen würde. Für mich war das Gegenteil der Fall: Ich als Frau erwartete mir einen Mann, der die Dinge in die Hand nimmt. Wir (er)warteten also beide und wurden nebeneinander immer unzufriedener. In unzähligen Situationen hatte ich das Gefühl, keinen wirklichen Mann an meiner Seite zu haben, zumindest keinen, der seinen Mann auch stellte. Diese Situation hatte verschiedene Auswirkungen: Ich hatte das Gefühl, sowieso alles alleine zu machen, also wofür sollte ich dann verheiratet sein? Ich suchte wie ein Kind die Grenzen bei ihm, auch um seine Aufmerksamkeit zu bekommen. Konflikte sind besser als gar keine Reaktionen. Eine Gegenwehr wäre für mich ein Zeichen seiner Männlichkeit gewesen. Seine Nicht-Reaktionen empfand ich als ungeheure Ignoranz meiner Person. Er zeigte mir keine Wertschätzung – das war mein Gefühl. Das Handeln und Tun des Umfeldes waren wichtiger als meine Person und meine Wahrnehmung der Dinge. Auch in den Augen unserer Bekannten war er der Gute, während ich eher als kritisch abgetan wurde. Meine Kreativität und Begeisterungsfähigkeit wurden untergraben. Es war sowieso alles recht, was von mir gemacht und getan wurde. Ich hatte Angst, Schritt für Schritt dieselbe Rolle einzunehmen wie seine Mutter. Das wollte ich auf keinen Fall. Ich wurde innerlich immer wütender und suchte mir Entspannungsmethoden – auch schlechte wie Bücher und Fernsehen auf niedrigem Niveau und Alkohol. Die Themen wurden beiderseits nicht angesprochen. Jetzt wäre ich nicht mehr so harmoniebedürftig – er vermutlich auch nicht. Und heute: In meiner Lebensmitte war es Zeit, erwachsen zu werden, meine zum Teil kindlichen Reaktionen abzulegen. Wir sind geschieden. Jetzt lebe ich allein. Das ist nicht einfach, aber die Rollen sind geklärt.

Zurück zu Odysseus: Er muss zwischen dem alles verschlingenden Meeresungeheuer Skylla und dem Meeresschlund der Charybdis hindurchnavigieren. Die Geschichten von Peter und

Sarah beschreiben die bedrohliche Seite der Skylla, nach der am Ende der Mann möglicherweise alleine dasteht. Erliegt er der Versuchung der anderen Seite, kann es sein, dass irgendwann die Frau alleine dasteht. Dieser Versuchung ist Odysseus selber ausgiebig erlegen in den Armen der Nymphe Kalypso, die Göttin mit dem ewig jugendlichen Äußeren, die dem von seinen Irrfahrten geschundenen Odysseus die Wunden pflegt, ihn in jeder Hinsicht wieder hochpäppelt, um ihm dann ein immerwährendes erotisch-sinnliches Schlaraffenland zu bieten, das ihm alle Wünsche erfüllt, auf Dauer für ihn als Mann aber auch keine Herausforderung darstellt. Zudem beginnen bekanntlich alle Schlaraffenländer irgendwann zu langweilen.

Selbstverständlich gibt es auch gute Gründe, eine unbefriedigende oder einfach unrettbare Beziehung zu beenden, und selbstverständlich können ein älterer Mann und eine jüngere Frau eine stabile und glückende Partnerschaft eingehen, auch wenn es eine Herausforderung ist. Nicht selten stellt sich aber im Nachhinein heraus, dass es eher eine Fluchtbewegung war. Gründe dafür finden Männer in der Lebensmitte genug. Einmal kann es die Flucht vor dem eigenen Altern sein, das immer spürbarer wird und dem man(n) glaubt, mit einer attraktiven jungen Frau an der Seite ein Schnippchen schlagen zu können. Es kann mit dem zunehmenden Abbau des Testosteronspiegels der Versuch sein, die sexuelle Reizschwelle noch einmal zu erhöhen, und es kann der Versuch sein, einer zunehmend herausfordernden Partnerin zu entkommen in eine vorläufig zumindest problemlose Beziehung, in der der waidwunde Odysseus nochmals der bewunderte Held sein kann.

Der Blick der Frau auf den Mann in den Armen einer jungen Geliebten mag süffisant klingen, aber Brigitte Hieronimus bringt etwas auf den Punkt, wenn sie schreibt: „Die meisten Männer, mit denen ich ehrenamtlich zu tun habe, flüchten sich nach eigenen Angaben ziemlich überstürzt in eine neue Liebelei. Eigentlich ist es ihnen ziemlich wurscht, wer da gerade in ihren Armen liegt. Wird es nicht die eine, so wird es mit Sicherheit die andere. Hauptsache, ihre männlichen Wunden werden aufmerksam und überhaupt von einem weiblichen Wesen geleckt. Sie wissen fast alle, was sie tun. Und tun es. Sie ertragen die Einsamkeit einfach nicht." (72f)

Die Frau im Wechsel und der Mann in der Midlife-Krise – das ist und bleibt eine Herausforderung für beide auch als Paar. Der Mann muss sich seinem eigenen Älterwerden stellen, genauso wie den Umbrüchen seiner Partnerin. Wir Männer sind weder schuld noch verantwortlich für die Krise der Frau, aber wir müssen sie im guten Sinne mit ihr aushalten. Wir können sie ihr nicht nehmen, schon gar nicht für sie lösen, und genau das, dass wir wenig bis nichts tun können, ist für uns so schwer auszuhalten. Dasselbe gilt umgekehrt für die Frau, wenn der Mann seine Krise durchmacht, wenn er schweigt, weil er nicht weiß, was er sagen soll, da er sich selber nicht auskennt, wenn sie ihm so gerne helfen würde und keine Ahnung hat wie. Dieser Zustand ist auch für die Frau nicht leicht auszuhalten, wenn sie ihren Mann unglücklich sieht, daran nicht schuld ist, aber trotzdem keinen Weg findet, ihn glücklich zu machen, so gerne sie es tun würde. Es ist die Phase, in der beide lernen müssen, mit Undefinierbarem zu leben und ohne einfache Lösungen auszukommen.

Gegen Ende ihres Buches beschreibt Brigitte Hieronimus rückblickend ihre Wechseljahre sehr einfühlsam, und letztlich gelten diese Worte auch für uns Männer: „Was wechselt also wirklich in den Wechseljahren? Es kann ein Aufbruch zu neuen Ufern sein. Nicht immer müssen alle Zelte und Brücken abgerissen werden. Es ist eher ein Ruf nach innerer Veränderung. Eine ausgediente Lebensphase geht zu Ende. Eine neue bricht für uns an, aber wir kennen noch nicht ihren Weg. Natürlich macht das vielen Frauen Angst. Diese innere Furcht zu bewältigen ist ein beginnendes Zeichen von Wachstum." (120) Zeiten des Umbruchs sind zuerst einmal selten lustig, doch in dieser Perspektive können auch das Rumoren und das Wetterleuchten als beginnende Zeichen von Veränderung gedeutet werden.

Aufstieg trifft auf Abstieg

Haben Romeo und Julia ihre Midlife-Krise überstanden, ist das Ärgste möglicherweise vorbei, und manch ein Mann, der berufsbedingt wenig zuhause war, wird aufatmen im Gefühl, dass ihm da etwas erspart blieb. Doch die Herausforderungen sind noch lange nicht fertig. Legt man nämlich die inneren Lebenskurven von Mann und Frau übereinander, wird schnell klar, dass spätestens ab 50 die Kurven völlig gegenläufig sind, dass der allmähliche Abstieg des Mannes auf einen kraftvollen Aufstieg der Frau trifft. Ein Bild dafür könnte sein: Der Mann ist langsam am Heimkommen, vielleicht gerade dabei, seinen Mantel auszuziehen, und trifft in genau dieser Situation auf eine Frau, die dabei ist, den Mantel anzuziehen, weil sie aufbrechen will.

Der einstmals jugendliche Held war lange Zeit draußen unterwegs, sehr beschäftigt, wenig daheim vermutlich, außerdem mit dem Unterhalt der Familie beauftragt und spürt nun langsam eine gegenläufige Sehnsucht, nämlich die Sehnsucht, wieder heimzukommen. Eine ganz neue Sehnsucht nach trauter Zweisamkeit bricht in nicht wenigen Männern über 50 auf, nach der Häuslichkeit, auf die sie lange verzichten mussten oder auch zugunsten der Karriere freiwillig verzichtet haben. Doch die Heldentaten draußen werden immer anstrengender, die Vorstellung von Ruhe und Häuslichkeit immer attraktiver.

Nach sieben Jahren bei der schlaraffischen Nymphe Kalypso zog es sogar den Irrfahrer Odysseus endgültig heim zu Frau und Kind. Er flehte die Götter an, und die weise Pallas Athene verhalf ihm mit einigen Listen zur Heimkehr in sein geliebtes Ithaka. Und wer glaubt, dass die Geschichte dort nun ein romantisches Ende nimmt, irrt sich gewaltig. Zuerst einmal muss er unter Einsatz seines Lebens die Freier der Gattin beseitigen, denn die Attraktivität seiner Penelope hat sich herumgesprochen, während er in den Armen der jugendlichen Gespielin lag. Und wer glaubt, dass ihm wenigstens nun seine geliebte Gattin stürmisch um den Hals fällt, irrt sich nochmals. Penelopes Empfang ist äußerst zurückhaltend und skeptisch nach dem Motto: Wenn er schon so lange den Weg heim nicht findet, dann muss er nicht glauben, er könne jetzt plötzlich mit sehnsüchtigen Augen auftauchen und tun, als ob nichts gewesen wäre. Die endgültige Rückeroberung Penelopes ist seine letzte Herausforderung, und dabei nützen ihm Schwert und Lanze wenig. Spätestens da wird ihm bewusst, dass seine Frau auch nicht mehr das verliebte, ihn anhimmelnde Mädchen von früher ist.

Im Vergleich der beiden Lebenskurven ist klar, dass der nach Heim und Häuslichkeit sich sehnende Mann auf eine Frau trifft, die im Moment vielleicht sogar die Nase voll davon hat, sondern vielmehr aufbricht und endlich selber etwas erleben will. Eine Seminarteilnehmerin hat ihre Situation sehr treffend und für Männer nachvollziehbar beschrieben: „Jemand hat mich nach der Geburt meiner Tochter gefragt, wie es sich anfühlt, eine Mutter zu sein, und ich gab damals zur Antwort, ich fühlte mich vollständig, so als hätte ich meine Lebensaufgabe erfüllt. Jetzt, wo ich sie tatsächlich erfüllt habe und meine Kinder in das Erwachsenenleben treten, werde ich wieder nach diesem Gefühl der Vollständigkeit streben. Viele Frauen glauben, wenn ihre Kinder aus dem Hause sind, dass ihre Lebensaufgabe fort sei, dass sie zu nichts mehr nütze sind. Ich werde nun alles tun, um mich selbst wieder zu finden. Nicht nur jemandes Tochter, jemandes Ehefrau, jemandes Mutter zu sein, sondern eine ganze Person, die noch einiges im Leben vorhat und noch viel zu geben und zu zeigen hat."

Die neue Eigenständigkeit der Frau kann Männer manchmal ängstigen, zumal sie selber zunehmend bereit wären, auf ihre Eigenständigkeit zugunsten einer neuen Zweisamkeit zu verzichten. Der Mann mit seiner neuen Sehnsucht nach Häuslichkeit geht natürlich stillschweigend davon aus, dass es genau das ist, was sich die Frau immer schon wünschte: dass er mehr Zeit für sie hat. Stattdessen muss er jetzt vielleicht schmerzhaft zur Kenntnis nehmen, dass sich da offensichtlich etwas verändert hat.

Die augenscheinliche Gegenläufigkeit der Lebenskurven im Älterwerden von Mann und Frau hängt auch mit dem Begriff der Androgynisierung zusammen. Im Griechischen steht „andrós" für Mann und „gyné" für Frau, und in unserem Zusammenhang heißt Androgynisierung nichts anderes, als dass die Männer mit dem Alter zunehmend weiblicher werden und die Frauen männlicher. C. G. Jung hat schon in seinem Aufsatz einen Hinweis darauf gemacht: „Sehr häufig sind diese Verwandlungen begleitet von Ehekatastrophen aller Art, denn es ist nicht allzu schwer sich vorzustellen, was es dann gibt, wenn der Mann seine zarten Gefühle und die Frau ihren Verstand entdeckt." (438) Schlimm für Jung ist wieder, dass wir gänzlich unvorbereitet in die zweite Lebenshälfte treten und uns keine Schule darauf vorbereitet hat, was jetzt kommt. Jungs Formel, dass der Mann seine Gefühle und die Frau den Verstand entdeckt, klingt aufs Erste provokant. Das heißt allerdings nicht, dass der Mann vorher gefühllos und die Frau ohne Verstand gewesen wäre, vielmehr verschieben sich einfach die Gewichtungen, tritt anderes in den Vordergrund.

Diese Androgynisierung hat ihren biologisch-hormonellen Hintergrund, da der Testosteronspiegel mit dem Alter beim Mann abnimmt und bei der Frau zunimmt, und das Umgekehrte gilt für den Östrogenspiegel. Allein dadurch, dass die Androgene, die männlichen Geschlechtshormone, im Verhältnis zum Anteil der weiblichen Geschlechtshormone abnehmen, verschiebt sich das Verhältnis zwischen beiden. Dasselbe geschieht umgekehrt und vielleicht noch radikaler bei der Frau. Deshalb ist es nicht verwunderlich, wenn Jung feststellt, dass sich schon rein äußerlich mit dem Alter der männliche Habitus mildere durch weibliche Züge wie Fettansatz und einen weicheren Gesichtsausdruck.

Ebenso hat die Androgynisierung ihre psychischen Auswirkungen, indem Männer „fraulicher" werden im Sinne von anlehnungsbedürftiger, weicher, angepasster, passiver und sexuell ruhiger (wenn sie es zulassen). Frauen hingegen werden „männlicher" im Sinne von selbstbewusster, aufmüpfiger, aggressiver, aktiver und manchmal auch sexuell agiler. Das sind nichts anderes als ganz normale Entwicklungen des Älterwerdens, die wir zulassen dürfen und als Bereicherung oder persönliche Entfaltung sehen können.

Wenn Aufstieg auf Abstieg trifft, ein zunehmend „weiblicher" werdender Mann auf eine zunehmend „männlicher" werdende Frau trifft, so ist das eine Herausforderung für die Partnerschaft.

Wir können uns diese gegenläufigen Lebensphasen jahrelang lieblos vorwerfen, können Fluchtversuche unternehmen oder uns der Situation stellen, sie verstehen und akzeptieren und unter veränderten Bedingungen etwas Neues daraus gestalten. Wir Männer müssen uns dazu von der falschen Vorstellung lösen, nach der Familienphase käme die Fortsetzung des romantischen Beginns der Partnerschaft. Das war einmal, denn wir sind inzwischen alle andere geworden, und was jetzt kommt, ist etwas Neues, auf das wir uns auch freuen dürfen. Noch eine Vorstellung werden wir Männer vermutlich loslassen müssen: dass wir nach der Familienphase wieder als Paar alles gemeinsam machen werden. Diese Zeiten sind vorbei, denn inzwischen hat und braucht die Partnerin auch ihre eigenen Reviere jenseits von Familie und Ehemann. Das wird leichter gelingen, wenn auch der Mann in dieser Phase neue, wohltuende Reviere findet und pflegt, unabhängig von Familie und Partnerschaft. Denn in Zukunft wird es eher drei Reviere geben: ihre, seine und die gemeinsamen.

Veränderung als Chance

Chris geht langsam der gefühlten Lebensmitte zu, die biologische hat er schon längst überschritten. Er hat zwei Kinder, die, wie man so sagt, aus dem Gröbsten heraus sind. Eigentlich lebt nur noch die Tochter daheim. Das Haus wäre bald einmal abbezahlt, und beruflich geht es ihm auch gut. Doch vor einigen Wochen ist seine Frau ausgezogen. Trotz vieler Gespräche versteht Chris die Welt nicht mehr, und wie es aussieht, wird es auf eine Scheidung hinauslaufen, zumal seine Noch-Ehefrau bereits einen neuen Partner hat. Ihn macht es fast verrückt, dass er nicht weiß, was er falsch gemacht hat. Er hat sie nie geschlagen, ist nicht fremdgegangen, hat sich um die Kinder und den Haushalt gekümmert und ist kein Trinker. Der Vorwurf lautet: „Du verstehst mich nicht mehr."

Seine Frau hat in den letzten Jahren einige Fortbildungen besucht und sich vermehrt wieder ihrer Sozialarbeit gewidmet. Grundsätzlich hat er sie darin immer unterstützt. Jetzt wirft sie ihm vor, dass ihn ihre Arbeit nicht wirklich interessiere, er höre nur anstandshalber zu. Da mag etwas dran sein, denn Chris ist Lebensmitteltechniker und seine Welt eine ganz andere. Seine Biochemie war auch nie ihr Hobby. Früher hatten sie viele gemeinsame Interessen, aber die scheinen jetzt nicht mehr wichtig zu sein. Manchmal leidet Chris wie ein Hund unter seiner jetzigen Situation. Er weiß nicht, was er falsch gemacht hat. Wenn er nachdenkt, kommt er sich betrogen vor: Er hat eigentlich von ihr keine Chance mehr bekommen.

Die Lebensmitte ist eine Phase der Neuorientierung und kann für Beziehungen eine sehr heikle Phase sein, wenn sich der Partner oder die Partnerin tatsächlich neu orientiert. Frauen beklagen ihre tiefe Demütigung und Hilflosigkeit, wenn der Mann auf einmal mit einer jüngeren und attraktiveren Gespielin daherkommt. Dieselbe Demütigung und Hilflosigkeit erleben auch Männer, wenn sie in dieser Phase von ihren Frauen sitzen gelassen werden ohne handfeste Gründe, sondern einfach, weil sie „sich weiterentwickelt" haben und er sie nicht mehr interessiere. Schlimm ist es für beide, wenn der Partner einfach flüchtet und die Auseinandersetzung fehlt. Die Lebensmitte ist eine Herausforderung, die einige Achtsamkeit und Mut von beiden verlangt. Faire Partnerschaft aber heißt: einander eine Chance geben.

Das beginnt schon damit, dass wir als Partner die Veränderungen des Gegenübers als Chance zum Wachstum einer Beziehung sehen. Es ist eine Herausforderung (wieder einmal nichts für Feiglinge), aber es ist nicht der Anfang vom Ende, sondern der Anfang von etwas Neuem. Damit das Neue gelingen kann, müssen wir möglicherweise erst einmal unsere Beziehungskonten leeren. Schon die verschiedenen Verläufe der Lebenskurven zeigen, dass es in einer Partnerschaft vielfältige Möglichkeiten für Missverständnisse und Verletzungen gibt, und manchmal gehen wir auch lieblos miteinander um. Manche haben eine unwahrscheinliche Gabe, mit einem fast elefantösen Gedächtnis alles dauerhaft auf dem Beziehungskonto abzuspeichern, was es je an Zwist oder Verwundungen gegeben hat. Das kann man sich dann bis ans Lebensende immer genau auf Abruf vorhalten: „Du hast mir/mich …!"

Einige Paare beherrschen dieses Spiel sehr virtuos, aber es ist sinnlos! Ohne auch einmal zu vergeben und zu vergessen, wird nie ein Neustart möglich sein. Deshalb kann es ein wichtiger Schritt sein, diese Beziehungskonten einmal zu räumen und auf null zu stellen.

Jede Partnerschaft hängt nicht nur von der Liebe ab, sondern auch von der Achtung und dem Respekt, den wir voreinander haben. Wenn die Achtung vor dem Mann als Mann und die Achtung vor der Frau als Frau einmal verloren gegangen ist, ist das meist der Anfang vom Ende einer Beziehung. Deshalb ist es in Phasen des Umbruchs die vielleicht wichtigste Herausforderung, dass wir bei allen Betriebsgeräuschen uns um diesen gegenseitigen Respekt bemühen. Ansonsten wird es würdelos. In der ganzen Gegenläufigkeit der Lebenskurven, in der androgynisierenden Entwicklung heißt das, dass wir unser Gegenüber weder abwerten noch ändern oder umerziehen wollen, sondern zuerst das Positive in der Veränderung des Partners sehen und dieses Wachstum würdigen.

Der Mann kann eine ganz neue Person in seiner Frau entdecken, die er in ihrem Aufstieg unterstützen oder an deren Entwicklung er mitnaschen kann, indem er durch die neuen Herausforderungen die Palette seiner männlichen Möglichkeiten erweitert. Gleichzeitig gewinnt er mehr Zeit für sich und neue Freiräume, kann ein neues Hobby beginnen (was im Hinblick auf die Pension besonders sinnvoll ist), zu neuen Themen finden und sich weiterentwickeln. Die Frau kann ebenfalls ihren Mann neu entdecken, der jetzt vielleicht mehr Offenheit und Verständnis für ihre Fragen hat, mit dem man neue Gemeinsamkeiten finden kann, der aber auch neue Freiheiten und Horizonte zulässt. Eine neue Qualität von Nähe und Distanz entsteht, ein neues gemeinsames Wachsen mit viel Eigenständigkeit, aber ohne Entfernung voneinander. Nicht selten ist jetzt auch eine neue, tiefere, lustvolle Sexualität möglich, in der Qualität vor Quantität steht.

Um diese Sichtweisen muss man manchmal ringen, das Neue entsteht nicht ganz automatisch. Wir kommen nicht daran vorbei, vieles neu zu definieren, neu auszuverhandeln, neue Arrangements als Paar zu treffen und uns vom romantischen Bild zu verabschieden, dass alles gemeinsam geschehen müsse. Wenn sie inzwischen unternehmungslustiger und aktiver ist, während er lieber auf die Möbel aufpasst, dann darf sie auch für sich mit einer Freundin einmal auf Reise gehen. Damit das alles gelingt, braucht es Zeit für Gespräche, Offenheit und Verständnis, Toleranz und Kompromissbereitschaft. Klare Ansagen bringen uns jetzt weiter als der Versuch zu ahnen, was der andere meinen könnte. Nicht zuletzt wächst auf diesem Weg auch die gegenseitige Wertschätzung durch die innere Reifung.

Die nachelterliche Gefährtenschaft ist ein anderes Bild als die leidenschaftliche Liebe der romantischen Phase. Aus der schwärmerischen Verliebtheit ist inzwischen vielleicht eine Kameradschaft des Lebens geworden, in der man sich nicht mehr so tief in die Augen schaut, dafür aber gemeinsam das Leben genießt. Wo man unter „Glück" keinen Dauerrausch mehr erwartet, sondern eine tiefe Lebenszufriedenheit auf dem Weg, auf dem man gemeinsam unterwegs ist. Über längere Strecken sind jetzt Interesse füreinander, Fürsorglichkeit, Vertrauen, Achtung, gemeinsame Lebensfreude, Zuverlässigkeit und Freundschaft wichtiger als die romantische Leidenschaft von früher.

Brigitte Hieronimus hat sehr einfühlsam beschrieben, dass es nun mehr um die kleinen Dinge des Alltags geht: „Das Gewohnte nicht mehr gewöhnlich werden zu lassen, sondern das Gewohnte besonders vertraut zu behandeln, das wurde mir zum neuen Leitfaden in den Wechseljahren. Was wir bei anderen für Liebe hielten, war oft nur ein Funkenregen, Feuerwerk, viel Getöse und viel zu laute Musik. Wahre Liebe verhält sich für uns unauffälliger und stiller. Sie wächst im Verborgenen und zeigt sich in den vielen kleinen Dingen und Zärtlichkeiten." (103f)

Nur Verliebte können sich dauerhaft gegenseitig in die Augen schauen, ansonsten würden wir das gar nicht aushalten. Liebe heißt vielmehr, auf gemeinsame Ziele zu blicken. Wenn Nestbau, Familie und Karriere weitgehend erledigt sind, gilt es für das Paar neue, Sinn und Gemeinsamkeit stiftende Ziele zu finden, auf die man blicken kann. Das können die Enkelkinder sein, aber auch ein gemeinsames Engagement, Kunst oder Reisen, der Traum vom kleinen Wohnmobil oder sonst etwas Verrücktes, das Spaß macht und zusammenschweißt. Nicht zuletzt tut es gut, wenn wir uns auch den tieferen Fragen des Daseins gemeinsam stellen.

Altwerden als Paar

Einst war es Hannibal, der vor den Toren Roms stand, als in der Stadt der Ruf erschallte: „Hannibal ante portas!" Loriot hat aus diesem geflügelten Wort einen köstlichen Film gemacht, in dem Papa vor den Toren steht und in das häusliche Feld der Frau einzudringen droht: „Papa ante portas!" Ein Manager kommt in Pension und beginnt einen funktionierenden Haushalt nach den Kriterien des modernen Managements umzustrukturieren, bis gar nichts mehr funktioniert. Wenn die Kinder aus dem Haus sind und der Mann oder beide aus dem Beruf ausscheiden, entsteht eine völlig neue Situation, in der die gewohnten Muster nicht selten kippen.

Die Männer sind oft froh, wenn sie „heimkehren" können, sich nicht mehr beweisen müssen, und entwickeln eine ganz neue Anhänglichkeit, ein Bindungsbedürfnis, wie es die Partnerin bisher von ihnen kaum kannte. Doch ihr ist inzwischen gar nicht mehr danach, in trauter Zweisamkeit das Sofa zu hüten. Nicht umsonst gab es lange Zeit die Frauenseminare mit dem nicht unbedingt charmanten Titel: „Hilfe, mein Mann kommt in Pension!" Wenn beide berufstätig waren und bald hintereinander den Ruhestand antreten, können die neu anstehenden Aufgaben zwischen beiden verteilt werden. Anders schaut die Situation aus, wenn sie zuhause für alles zuständig war und er nun in ihr bisher sicheres Revier tritt. Da sind es tatsächlich neue Revierkämpfe, die ausgefochten werden müssen. Wenn die Frau es gewohnt war, tagsüber allein zuhause zu sein, machen zu können, was sie will, ohne es mit jemandem bereden zu müssen, den Haushalt schmeißen zu dürfen, ohne auf jemanden Rücksicht nehmen zu müssen, dann steht nun wirklich „Papa ante portas", der Mann vor den Portalen ihres bislang geschützten Reviers.

Ein Mann erzählte, wie sie sich beide auf seine Pension gefreut hätten, auf die viele Zeit, die sie dann wieder miteinander verbringen könnten – und jetzt, klang er traurig, streiten wir nur noch. Vermutlich hatten sie vorher nicht einmal Zeit zum Streiten. Die Pensionierung kann ein idealer Boden für Machtspiele sein, wenn die alten Muster nicht mehr tragen: Wer setzt sich durch? Wer bestimmt? Wer muss sich anpassen? Hier liegen die Stromschnellen versteckt im Übergang in das letzte Lebensdrittel. Machtspiele lohnen sich jedoch nie, und im Grunde kann es nur zwei Sieger oder zwei Verlierer geben. Die Devise sollte also lauten: Alle Macht für beide. Dazu müssen wieder einmal Dinge neu ausverhandelt werden, müssen beide schauen, wie sie ihre Reviere verteilen, gestalten und auch abstecken.

Im Machtkampf stehen sich Mann und Frau gegenüber wie bei einem Duell. Die Lösung besteht darin, dass sie auf ein gemeinsames Ziel schauen, das beide verbindet. Es ist das neue „Dritte", wie Paartherapeut Hans Jellouschek betont (vgl. „Wenn Paare älter werden"). Das gilt es zu finden, wenn das Geld einmal von selber auf das Rentenkonto kommt. In diesem Vakuum braucht es neue Orientierungspunkte, neue Ziele für Mann und Frau als Paar. Du und ich und der Fernseher – das wird auf Dauer zu wenig sein, um eine Beziehung lebendig zu halten. Passives Konsumverhalten allein erzeugt keinen Lebenssinn. Aktiver Einsatz, lustvolle Tätigkeiten, soziales Engagement, spannende Hobbys oder die eigene Großelternschaft – das schafft Sinn, gemeinsame Glückserfahrungen und hält eine ältere Ehe lebendig.

In den Machtspielen älterer Ehepaare tauchen oft auch unerledigte Angelegenheiten der Vergangenheit auf: Enttäuschungen, Verletzungen, manchmal sogar Erlebnisse aus der Kindheit. Die heutigen jungen Alten sind die Kriegskindergeneration, und da kann es sich lohnen, genau hinzuschauen, was noch alles im Rucksack liegt. Es erleichtert den Übergang in das letzte Lebensdrittel, wenn es möglich wird, unerfüllte Wünsche und Vorstellungen loszulassen, lustvoll nach vorn zu blicken statt traurig nach hinten.

Nach einer längeren Ehe ist es oft so, dass beide ein kleines Museum gegenseitiger Verletzungen mit sich herumtragen. Mit allem, was in diesem Museum hängt, lassen sich herrliche Machtkämpfe durchziehen; wenn es sein muss bis ans Lebensende. Man kann ewig darum streiten, wie jemand etwas einmal gemeint hat. Man kann aber auch ganz einfach sagen: „Bitte verzeih mir." Man kann sich endlos in den eigenen Verletzungen wälzen und sie dem Partner immer wieder vorführen. Das schafft Überlegenheit, denn das „Opfer" hat eine moralische Machtposition gegenüber dem anderen inne. Es macht aber Sinn, diese inneren Museen zu schließen, das Beziehungskonto auf null zu stellen, den Machtkampf zu beenden und zu sagen: „Ich verzeihe dir." Die Versöhnung mit der Vergangenheit ermöglicht beiden eine neue Lebensphase.

Wenn beide älter werden, können Krankheit und Tod zunehmend den gemeinsamen Alltag bestimmen. Krankheit darf nicht als Strafe gesehen werden für ein falsches Leben. Umgekehrt kann sich der gesunde Partner nicht heraushalten, als hätte er nichts mit dem Kranken zu tun. Die Krankheit eines Partners fordert beide heraus zur gemeinsamen Bewältigung. Sie kann zu einem neuen „Dritten" werden und zu einem stabilen Bündnis miteinander führen. Im Pflegefall hat der gebende Teil gut auf sich selber zu achten und zu schauen, dass er/sie nicht ganz in der Pflege aufgeht, sondern noch ein eigenes Leben hat. Wenn der gesunde Teil ausbrennt, hat der Kranke nichts davon.

Zum Ende hin verlangsamt sich das ganze Leben. Jetzt geht es nicht mehr um die Ziele, sondern nur noch um das Hier und Jetzt, darum, jeden Tag für sich zu nützen. Jeder Schritt für sich wird nun wichtig. Es kommt nicht mehr darauf an, wie viel man macht, sondern dass man das, was man macht, bewusst macht. Kritik ist jetzt nur noch zerstörerisch, Anerkennung hingegen ein Balsam. So kann ein neues Bündnis der Zärtlichkeit entstehen, in dem beide sich nicht allein wissen, sondern in liebevoller Begleitung. Paare, die den Humor in ihrem Leben gepflegt haben, tun sich in dieser letzten Phase leichter, denn es gibt kaum etwas Wohltuenderes, als wenn man auch jetzt noch übereinander und über sich selber lachen kann.

Angesichts des Todes taucht bei vielen Menschen die religiöse Frage wieder auf. Es geht jetzt aber weniger um theologische Fragen als vielmehr um die existenzielle Erfahrung des Gehaltenseins, wie sie Rainer Maria Rilke in seinem Herbstgedicht sehr schlicht zum Ausdruck gebracht hat: „Wir alle fallen. Diese Hand da fällt. Und sieh dir andre an: Es ist in allen. Und doch ist Einer, welcher dieses Fallen unendlich sanft in seinen Händen hält." Auch der Partner kann dem Sterbenden dieses Gehaltensein vermitteln, aber ohne ihn festzuhalten. Vielleicht ist es die letzte große Herausforderung, den eigenen Partner in den Tod hinein loszulassen. Dieser Schritt wird leichter fallen im Bewusstsein des eigenen Gehaltenseins.

5. Wegmarkierungen im Gelände

**Es kommt nicht drauf an,
wie alt man wird,
sondern wie man alt wird.**
Christoph Hürny

Bei aller Vorsorge kommt nicht selten die Seele zu kurz. Der Markt bietet viele Möglichkeiten zur Gesundheits-, Pflege- oder Rentenvorsorge, lauter wichtige Dinge, aber die seelische Vorbereitung auf das Alter ist noch wichtiger. Die beste Vorsorge ist vielleicht immer noch, sich in der Lebensmitte Gedanken zu machen über das, was kommt. Menschen, die ein positives Bild vom Altwerden haben, leben 7 ½ Jahre länger, und zwar unabhängig vom Geschlecht oder der sozialen Verortung.

Die Gesundheitsforschung fragt heute nicht mehr nur danach, was den Menschen krankmacht, sondern umgekehrt, was ihn gesund erhält. Der zentrale Begriff in diesem Zusammenhang ist das Kohärenzgefühl: Wer das Gefühl hat, das eigene Leben sei verstehbar, bewältigbar und sinnhaft, lebt gesünder und ist wesentlich widerstandsfähiger. Dieses Kohärenzgefühl als Grundorientierung des Menschen bildet sich im Lauf von Kindheit und Jugend heraus und festigt sich im Erwachsenenalter. Ob wir unser Leben als kohärent, als stimmig empfinden, ist jedoch nicht nur eine Frage des Schicksals, wir können uns sehr wohl in jeder Lebensphase auch darum bemühen. Nicht zuletzt ist das vorliegende Buch ein Versuch, kohärente Bilder des Älterwerdens anzubieten.

Andere Forschungen haben gezeigt, dass eine „plurale Selbst-Struktur" (Fügemann, 22) im Alter von großem Vorteil ist. Dieser sperrige Begriff meint nichts anderes, als dass wir die ganze Vielfalt unserer Begabungen und Möglichkeiten leben, sei es als Berufstätiger oder Pensionist, als Ehemann, als Vereinsobmann oder Vorleseopa im Kindergarten, als Jugendtrainer oder Orchideenzüchter, als Neohobbykoch oder Hospizbegleiter. Je mehr wir in der Gegenwart verankert sind, verbunden mit uns und den Menschen, in reichhaltigen, positiven Dingen aktiv, umso besser können wir mit den gesundheitlichen Herausforderungen umgehen. Einfach gesagt, gibt es kaum etwas Gesünderes als Freude, Lebenslust und ein sinnhaftes, erfülltes Dasein. Der Geriatriker Christoph Hürny hat es auf einer Tagung provokant formuliert: „Wenn man nicht gelebt hat, macht das Sterben auch keinen Spaß." Nach der großen Landkarte der männlichen Lebenskurve mit ihren Schildern, Abzweigungen und Kreuzungen folgen nun noch einzelne Wegmarkierungen im Gelände, die konkrete Aspekte des männlichen Älterwerdens vertiefen sollen.

Körper und Gesundheit

Lieber lustvoll genießen statt zwanghaft gesund.
Manfred Lütz

„Ewig potent!" – Mit so dummen Sprüchen wurde vor Jahren ein Buch zur Männergesundheit vermarktet, das nicht ganz so dumm war. Trotzdem hinterlassen die verschiedenen Bestseller und Ratgeber zu Anti-Aging für Männer ein zwiespältiges Gefühl. Das medizinische Standardwerk „Anti-Aging für Männer" ist nach bereits sechs Jahren nur mehr antiquarisch erhältlich. Offensichtlich altert auch das Anti-Aging sehr schnell.

Keine Frage: Männer gehen oft sorglos mit ihrer Gesundheit um und pflegen nicht selten einen ausbeuterischen Umgang mit ihrem Körper. Immer noch leben viele nach Mustern von zwanghafter Männlichkeit: wenig Schlaf, viel Schmerzen ertragen, viel Alkohol, nie jemanden um Hilfe bitten, möglichst unabhängig sein, die eigenen Gefühle kontrollieren und unterdrücken und wenig auf den Körper achten. Männer gehen weniger zum Arzt als Frauen, und dementsprechend gibt es auch mehr chronisch kranke Männer als Frauen. Indianer kennen bekanntlich keine Schmerzen. Verantwortungsvoller und nicht weniger männlich könnte das Motto lauten: „Der Indianer kennt seinen Schmerz und weiß mit ihm verantwortungsvoll umzugehen."

Liest man allerdings die gängigen Gesundheitsratgeber für Männer, dann gibt es auch nicht mehr viel zu lachen. Wir sind bereits im größten Stress, wenn wir alles berücksichtigen wollen, was man gegen Stress tun soll: lange Checklisten ausfüllen, Zeitmanagement einführen, Gehirn-Jogging betreiben (viel lesen, Rätsel lösen, Fremdsprachen üben, Tagesordnungen auswendig lernen), immer tief durchatmen und sich von Problemen distanzieren, während des Zähneputzens Kniebeugen und am Computer Dehnungsübungen machen, im Bürosessel immer wieder den Gesäßmuskel zusammenziehen, Meditation und Yoga lernen, der Wut freien Lauf lassen, ein Dutzend Ernährungsregeln beachten, nicht rauchen und wenig trinken natürlich, Prioritäten setzen und dazu auch noch so oft wie möglich Sex haben.

In typisch männlicher Manier enthalten manche dieser Bücher so viele Lösungen und Ratschläge, dass sie das Gegenteil dessen bewirken, was sie vorgeben. Die immer wieder ausgesprochene Warnung „Vorsicht vor Stress!" ist das beste Mittel, um Stress zu produzieren. Die Katze beißt sich in den Schwanz, und die Lösung wird wieder zum Problem. Der Stress, keinen Stress zu haben, ist ein typisch männlicher Holzweg: Der Mann, der alles richtig machen will, macht es bereits falsch.

Die Medizin und ihre Mittel sind gut gegen Krankheiten. Aber, und hier liegt das grundlegende Missverständnis des Anti-Aging-Trends, das Altern ist keine Krankheit, und sogar der Tod gehört zum Leben. Wer sagt denn, außer der Werbeabteilung der Pharmaindustrie, dass wir ewig potent und immer jung sein müssen? Statt mit Hormonpillen eine ewige Jugendlichkeit installieren zu wollen, statt eines lächerlichen Jungseins um jeden Preis, sollten wir es uns gestatten, älter und milder, weise und barmherzig zu werden – auch uns selbst gegenüber.

Es gibt gute Gründe, sich den fanatischen und manchmal schon sektenhaften Auswüchsen des modernen Gesundheitstrends zu verweigern, trotzdem dürfen wir nicht sorglos mit unserer eigenen Gesundheit umgehen. Verantwortungsbewusstsein für sich selber, gesunder Hausverstand und das Vertrauen in den eigenen Arzt sind das wesentliche Fundament. Derzeit gibt es zu fast jeder medizinischen Frage verschiedene Antworten, und viele dieser verschiedensten Antworten sind auch für uns Laien problemlos im Internet abrufbar oder in diversen Ratgebern nachzulesen. Es gibt heute Ratgeber bis zur Ratlosigkeit. Schon allein deshalb kommen wir nicht umhin, einen persönlichen Arzt zu haben, dem wir vertrauen. Es muss ja nicht gerade ein hysterischer Gesundheitsfanatiker sein. Neben individuellen Krankheiten gibt es eine ganze Reihe von Dingen, die sich mit zunehmendem Alter verändern, wenn auch nicht bei allen gleich oder gleich stark. Hans Zeier gibt in seinem Buch „Männer über fünfzig“ einen guten, unaufgeregten Überblick über solche körperlichen Veränderungen.

Rauchen

Zur Schädlichkeit des Rauchens ist eigentlich alles schon gesagt. Die Lebensmitte könnte ein guter Anlass sein, hier neue Schienen zu legen. Das muss nicht von heute auf morgen passieren, man kann es auch mittelfristig zu einem bestimmten Anlass planen. Ich selber war viele Jahre ein Abendraucher. Tagsüber war es kein Thema, aber Bier oder Wein ohne Zigaretten waren unvorstellbar. Als ich nach meinem Fünfziger beschloss, pilgern zu gehen, nahm ich mir vor, diesen Anlass zu nützen, um mit dem Rauchen aufzuhören. Vorerst war das auch der einzige Erfolg des Unternehmens, und heute bin ich überfroh, mich davon befreit zu haben; im Grunde ist es eine Form der Selbstschädigung. Bei gutem Vorsatz gibt es verschiedene Hilfsmittel oder Möglichkeiten der Unterstützung, und wenn das Suchtmuster sehr tief wurzelt, kann auch Psychotherapie helfen.

Alkohol

„Wie ein Lebenswasser ist der Wein für den Menschen, wenn er ihn mäßig trinkt. Was ist das für ein Leben, wenn man keinen Wein hat, der doch von Anfang an zu Freude geschaffen wurde?" So steht es schon in der Bibel bei Jesus Sirach 31,27, und der Kirchenlehrer Augustinus hat diese Einsicht weiter ausgeführt: „In vielen Fällen braucht der Mensch den Wein. Er stärkt den schwachen Magen, erfrischt die ermatteten Kräfte, heilt die Wunden an Leib und Seele, verscheucht Trübsal und Traurigkeit, verjagt die Müdigkeit der Seele, bringt Freunde und entfacht unter Freunden die Lust am Gespräch." Auch der griechische Philosoph Platon hat grundsätzlich recht, wenn er schreibt: „Der Wein, gleichzeitig Sakrament und Erfrischung für den alternden Menschen, wurde ihm von einem Gott als Heilmittel für die Probleme des Alters gegeben. Er hilft ihm, die Altersbeschwerden zu meistern und die ihm eigene Härte zu mildern." Die Kurzfassung davon stammt bekanntlich von Wilhelm Busch: „Rotwein ist für alte Knaben eine von den besten Gaben."

Alkohol ist tatsächlich gesund, und für Rotwein gilt das wegen seiner Inhaltsstoffe in besonderem Maße. Und damit ist das Stichwort gegeben: Es kommt auf das richtige Maß an. Vom Körper her vertragen wir mit zunehmendem Alter weniger Alkohol, und wer nicht gerade süchtig ist, wird bei sich selber merken, dass die Freude an Bier oder Wein nicht abnimmt, aber die Mengen von sich aus eher weniger werden – und diesem Trend sollten wir uns nicht entgegenstellen. Hin und wieder aus purer Lebensfreude etwas mehr zu trinken, sieht zwar der Arzt nicht gern, kann vielleicht aber der Seele einmal guttun, wenn der Körper danach wieder seine Pausen bekommt. Eine gute Regel wäre, zwei Tage in der Woche nichts zu trinken. Wer sich daran hält, ist zum einen nicht süchtig und tut zum anderen seinem Körper etwas Gutes. Nicht zuletzt ist es eine Frage, in welcher Haltung wir trinken: Alkoholiker trinken nie aus Genuss! Auch hierfür steht das Rezept schon in der Bibel: „Frohsinn, Wonne und Lust bringt Wein, zur rechten Zeit und genügsam getrunken. Kopfweh, Hohn und Schimpf bringt Wein, getrunken in Erregung und Zorn. Zu viel Wein ist eine Falle für den Toren, er schwächt die Kraft und schlägt viele Wunden.“ (Sir 31,28f)

Schlafprobleme

Dass Frauen in den Wechseljahren häufig mit Schlafproblemen kämpfen, ist bekannt, doch davon bleiben auch viele Männer nicht verschont. „Die Schlafarchitektur des Erwachsenen verändert sich mit zunehmendem Lebensalter dahingehend, dass der Schlaf weniger tief wird.“ (Fügemann, 17) Das Wort „Schlafarchitektur“ ist doch herrlich! Und wie schaut dann die diesbezügliche Architektur alternder Männer aus? Der Schlaf wird oberflächlicher, und es kommt zu einem häufigeren Wechsel mit Wachphasen („Schlaffragmentierung“). Die Aufwachperioden werden mit zunehmendem Alter häufiger und länger, und damit nimmt die Schlafeffizienz ab, wobei der vermehrte Harndrang noch dazukommt. Im Internet oder in Büchern gibt es diverse brauchbare Schlaftipps (z. B. Zeier, 104f), und wer sich im Alltag auf Dauer durch Schlafdefizit beeinträchtigt fühlt, darf sich auch an den Arzt wenden. Das Phänomen selber hieß allerdings schon bei den Römern „fuga senilis“: senile Bettflucht. Und alle, die das nicht kennen, sollen dem Herrgott danken.

Prostata

Man(n) interessiert sich erst für sie, wenn sie Probleme macht. Dabei hat sie jahrelang ganz unbeachtet auch viel Spaß bereitet: die Prostata, für viele Männer noch ein Tabuthema. Männlich formuliert ist sie eine Art Einspritzdüse, die beim Samenerguss eine für die Samenzellen notwendige Nährlösung beisteuert und das ganze Sekret beim Erguss turboartig beschleunigt. Die ursprünglich etwa kastaniengroße Prostata hat allerdings die Eigenschaft, dass sie sich bei Männern im höheren Alter stark vergrößert und Probleme bereiten kann. Generell, und das zeigen Studien eindeutig, ist es quer durch das ganze Männerleben für die Prostata gesund, wenn sie auch „in Betrieb“ ist, und dabei ist es ihr egal, wer sie betreibt.

Die Harnröhre verläuft beim Mann durch die Prostata. Damit kann es auch bei gutartiger Vergrößerung der Prostata zu einer Verengung der Harnröhre kommen, und so entstehen die bekannten Schwierigkeiten beim Harnlassen. Auch gutartige Vergrößerungen der Prostata können zu Entzündungen führen. Rechtzeitig behandelt gibt es Hilfsmittel von den bekannten Kürbiskernen bis zu verschiedenen Medikamenten. Manchmal ist ein operativer Eingriff unumgänglich. Erkannt werden kann diese gutartige Vergrößerung durch die Beobachtung der Probleme beim Harnlassen und professionell durch eine Untersuchung mit Ultraschall beim Urologen. Eine krebsartige Vergrößerung kann allerdings erst durch den PSA-Wert ausgeschlossen werden; und damit ist auch das anale Abtasten eigentlich unnötig geworden.

Der Prostatakrebs, die bösartige Veränderung, ist nach neuesten Statistiken bereits die häufigste Krebsart bei uns Männern. Diese Steigerung hat auch damit zu tun, dass heute viel mehr auf Prostatakrebs untersucht wird. Allerdings stehen wirksame Behandlungsmöglichkeiten zur Verfügung mit hohen Heilungschancen. Selbstverständlich gilt: Je früher eine Erkrankung erkannt wird, umso besser. Ernst zu nehmen ist auf jeden Fall eine erbliche Vorbelastung, wenn Verwandte ersten Grades daran erkrankt sind, da sie das Risiko einer Erkrankung erhöht. Diese Männer sollten umso mehr zur Vorsorge gehen.

Bei einer Krebserkrankung erhöht sich der PSA-Wert im Blut, ein Tumormarker, der über eine Blutuntersuchung gemessen werden kann. Bei Männern ab 45 ist es sinnvoll, im Rahmen der Vorsorgeuntersuchung diesen Wert bestimmen zu lassen. Zur Früherkennung im Krebsfall ist das Abtasten ungeeignet, da der PSA-Wert sich erhöht, bevor sich die Prostata äußerlich verändert. Allerdings geht die Meinung über den richtigen PSA-Wert in der Fachwelt auseinander, genauso wie in der Frage, wie schnell operativ eingegriffen werden muss. Vergleicht man als Laie verschiedene Positionen von Experten, so scheint ein Eingriff umso dringender zu sein, je jünger der Patient ist. Bei älteren Männern gibt es auch die Devise: Es sind schon viel mehr mit Prostatakrebs gestorben als an Prostatakrebs. Hier kommen wir nicht am Vertrauen in den Arzt vorbei, und im Notfall hat ein Betroffener immer die Möglichkeit, nicht nur Fragen zu stellen, sondern sich auch eine zweite Expertenmeinung einzuholen.

Man darf allerdings nicht glauben, dass Prostatakrebs erst eine Erscheinung des höheren Alters sei. Josef hat die Diagnose mit 46 Jahren getroffen: „Zuerst hat es mir den Boden unter den Füßen weggezogen. Es war schwierig, damit fertig zu werden, von einem Augenblick zum anderen statt gesund krank zu sein. Heute bin ich natürlich heilfroh, dass man es rechtzeitig erkannt hat. Ich habe Ärzte gefunden, denen ich vertrauen konnte, und war auch im Spital gut aufgehoben. Inzwischen fühle ich mich wie neu geboren. Meine Lebensqualität ist wieder hervorragend. Ich lebe ohne größere Beschwerden, mache Sport und habe so gut wie keine Einschränkungen. Ich kann nur allen Männern empfehlen, den PSA-Test machen zu lassen. Er tut nicht weh, und man weiß dann, was los ist."

Hormonersatz

Lange Zeit haben viele Ärzte mit der Pharmaindustrie im Hintergrund den Frauen im Wechsel nahezu automatisch Hormone als Ersatztherapie verschrieben. Nachdem diese Absatzquelle zurückgegangen ist, scheinen wir Männer an der Reihe zu sein. Es ist völlig normal, dass die spezifisch männlichen Hormone – allen voran das Testosteron – mit dem fortschreitenden Alter abnehmen. Doch während bei – Frauen die Östrogenproduktion rapide zusammenbricht, sinkt der Testosteronspiegel des Mannes im Normalfall nur langsam. Trotzdem werden Testosteron-Pflaster und -Salben zunehmend als Lifestyle-Droge für ältere Männer angepriesen. Es ist die Entscheidung jedes einzelnen Mannes, ob er eine Hormonersatztherapie machen will oder nicht. Wenn sich ein Mann damit glücklicher fühlt, gibt es nichts dagegen zu sagen. Für alle, die einen krankhaft niedrigen Hormonspiegel haben, sind es auf jeden Fall sinnvolle Medikamente. Wer ganz im Zweifel ist, kann sich jederzeit auf eigene Kosten beim Hausarzt den Testosteronspiegel messen lassen, um zu sehen, ob er sich im altersgemäßen Rahmen befindet. Es existieren allerdings keine Erfahrungen über mögliche Langzeitrisiken bei Testosteron-Therapien, und auf jeden Fall ist zu warnen vor Selbstbedienung mit Medikamenten aus dem Internet. Niemand kann sicher sein, was er hier wirklich zu sich nimmt, und wenn es dann zu Komplikationen kommt, weiß auch der behandelnde Arzt nicht, was der Patient eingenommen hat.

In Bewegung bleiben

„Rennen, Wildschweine jagen, sie in die Höhle schleppen und die Beute verteilen – dazu wären wir körperlich geschaffen!", meinte ein Bewegungsexperte. Denn eigentlich seien wir so gebaut, dass wir den ganzen Tag auf Achse sein müssten – und zwar zu Fuß, nicht auf vier Rädern. Inzwischen sind aber die Wildschweine verschwunden, die Beute wird vom Metzger verteilt, und wir bewegen uns meist sitzend auf vier Rädern.

„Bewegung gibt den Jahren Leben und dem Leben Jahre", heißt es in einer Werbung der Krankenkasse, und der Slogan stimmt. Wer sein Leben nicht nur verlängern, sondern auch vital halten will, kommt an Ausdauerbewegung nicht vorbei. Zahlreiche Untersuchungen zeigen, dass körperliche Aktivität in der Vorbeugung von Krankheiten das wirksamste Mittel ist. Wer regelmäßig körperlich aktiv ist, fühlt sich besser und weniger gestresst, ist zufriedener und hat eine höhere Lebensqualität.

Die gesundheitliche Wirkung zeigt sich vor allem bei der Senkung der wichtigsten Risikofaktoren von Herz-Kreislauf-Erkrankungen und beim „Metabolischen Syndrom" (Diabetes, Bluthochdruck, Cholesterin und Übergewicht). Ausdauerbewegung senkt den Blutdruck, verbessert den Blutfluss und verändert die Cholesterinwerte zugunsten des gesünderen HDL-Cholesterins, beeinflusst positiv den Zuckerstoffwechsel und baut das besonders ungesunde Bauchfett ab; bei Männern beginnt der Risikobereich mit einem Bauchumfang von 102 cm. Zudem gilt Bewegung als wirksame Vorbeugung von Osteoporose, und sie stärkt unser Immunsystem. Empfehlenswert sind zügiges Gehen, Walken,

Nordic Walking, Wandern, Schwimmen, wenn es die Gelenke oder der Rücken zulassen auch Joggen oder Rad fahren, und das möglichst in einer Dosis von 30 Minuten aufwärts mindestens 3 x in der Woche – nach oben hin natürlich steigerbar, möglichst an der frischen Luft und am idealsten bei Sonnenschein.

Neue Untersuchungen haben darüber hinaus gezeigt, dass moderater Ausdauersport auch die geistige Fitness im Alter fördert. Jogging sei sogar besser als Gehirn-Jogging und Bewegung trage mehr zur Erneuerung der Gehirnzellen bei als Sudoku-Lösen, da Bewegung den Nerven beim Wachsen hilft. Beweglichkeit ist also nicht nur eine Frage des Körpers, sondern auch des Geistes. Wenn wir körperlich beweglich sind, bleiben wir es auch geistig. „In Bewegung bleiben" meint eine sehr umfassende Sache und ist ein Motto, das gerade im fortschreitenden Alter umso wichtiger wird.

Die Gehirnforschung zeigt außerdem, dass Bewegung in der Natur durchaus therapeutische Effekte hat auf Gehirn und Psyche. Regelmäßige Bewegung macht offensichtlich auch schlau und glücklich. Wenn man in einer Naturlandschaft in Bewegung die Blicke schweifen lässt, bis einem das Herz weit wird, hat das biochemische Hintergründe, nicht zuletzt weil bei Ausdauerbelastung ab rund 30 Minuten der Serotoninspiegel im Gehirn steigt, und das ist eine Art Gute-Laune-Hormon. Damit hängt zusammen, dass ausdauernde Bewegung in der freien Natur ein wirkungsvolles Antidepressivum ist. Untersuchungen haben gezeigt, dass körperlich aktive Menschen besser vor Alzheimer und Demenz geschützt sind als inaktive Menschen. Allen Couchpotatoes sei an dieser Stelle versichert: Wer am Anfang diszipliniert durchhält, wird meist nach zwei bis drei Wochen schon den Punkt erreichen, wo er es ohne Bewegung gar nicht mehr aushält.

Zuletzt gilt ein Warnschild aber auch den leistungsorientierten Senioren im Fitnesszentrum. Bewegung schafft Gesundheit und Beweglichkeit, aber es soll und darf eine lustvolle und altersgemäße Bewegung sein. Es geht nicht um Sport im engeren Sinn, den dürfen wir gerne den Jungen überlassen, und was man manchen Männern eindringlich sagen muss: Bewegung muss nicht wehtun, um gesund zu sein! Es geht jetzt nicht mehr darum, irgendwelche Rekorde zu brechen oder an körperliche Grenzen zu gehen. Es gibt immer noch Männer, die der irrigen Meinung sind, dass Sport erst nah an der Schmerzgrenze wirklich etwas bringe. Es fällt nämlich auf, dass die verbissensten Biker und Jogger nicht selten die typischen „Midlife-Krisler" sind.

Sexualität im Alter

Sex wird im Alter
immer ausgelassener.
A. B.

Früher gab es viele Faktoren, die das Sexualleben belastet haben: der Zeitdruck, die Kinder, Stress, die Arbeit, die Verhütungsfrage. All dies fällt nun weg – und doch gibt es die Sexualität oft nicht mehr, weil sie eingeschlafen ist. Ein Hintergrund mag die männliche Verunsicherung sein, hervorgerufen durch die Veränderungen der Partnerin und das, was sie bei sich selber wahrnehmen. Viele Männer sind heimlich überzeugt, dass sie 1. immer können, 2. wissen, wie es geht, und 3. nicht darüber reden müssen. Nun fallen diese Mythen der Männlichkeit zunehmend: Er kann manchmal nicht mehr, manches funktioniert auch körperlich nicht mehr ganz so, und dann sollte man auch noch darüber reden. Da sind die kleinen, blauen Pillen schon einfacher. Doch auch ohne Viagra muss bei einiger Fantasie der Lustgewinn nicht schwinden. Nicht selten wird Sexualität im Alter ganzheitlicher erlebt, stressfreier, mit einer neuen Art des Genießens.

Sexualität im Alter muss gewollt werden, aber sie darf jetzt auch eine andere sein. Die Sexualität wandelt sich im Laufe einer langen Partnerschaft von einer Sexualität der Lust zu einer Sexualität der Zugehörigkeit, wie es der Paartherapeut Jörg Willi einmal formuliert hat. Nicht mehr die Verführung und die Eroberung stehen im Vordergrund, sondern die Verbindung und die Vertrautheit, weniger die lustvolle Leidenschaft als das schöne Gefühl, auch körperlich zusammenzugehören. Die leidenschaftliche Form meldet sich von selber, die findet statt, die Sexualität der Zugehörigkeit allerdings kommt nicht von selbst. Sexualität in der Dauerbeziehung muss man wollen, und sie muss gestaltet werden.

Die körperlichen Veränderungen beim alternden Mann sind gravierender als beim weiblichen Geschlecht. Da sie den Mann gleichsam „im Kern seines Mannseins“ treffen, sind diese Dinge stark tabuisiert. Sie treten bei manchen früher, bei anderen später auf, bei den einen stärker, bei anderen schwächer, aber es sind, von ausdrücklichen Krankheiten abgesehen, ganz normale Entwicklungen des Alterns. Die Veränderungen hängen stark mit dem natürlichen Sinken des Testosteronspiegels zusammen, wobei auch noch ein paar andere Androgene abnehmen. Wir Männer haben nun einmal das Pech, dass im Gegensatz zum Östrogen das Testosteron mit Potenz, mit dem Vermögen zu tun hat. Unser Testosteronspiegel sinkt zwar langsam, aber im Alter von 50 haben wir bereits 20 % weniger Testosteron als mit 20. Das sexuelle Begehren sinkt damit tendenziell mit zunehmendem Alter, aber es verschwindet nicht. Ein pensionierter Musiker formulierte es einmal so: „Das Begehren weicht zunehmend einer freudigen Kenntnisnahme weiblicher Reize.“

Zur Erblindung führt der allmähliche Abbau der Androgene also nicht, doch die sexuelle Hydraulik wird sehr wohl beeinträchtigt. Es dauert länger bis zur vollständigen Erektion, und es braucht dazu immer mehr auch die körperliche Stimulation, während bei jüngeren Männern der visuelle Reiz allein reicht. Die Erektionen sind (auch am Morgen) nicht mehr so häufig und oft nicht mehr so hart und dauerhaft. Der Geheimrat Johann Wolfgang von Goethe war sexuell ein Spätzünder, machte aber im hohen Alter noch seine Erfahrungen. Dafür reimte er aber sehr ehrlich: „Der Zeiten gedenk ich, da alle Glieder gelenkig, bis auf eins. Die Zeiten sind vorüber, steif sind alle Glieder, bis auf eins.“ Wenn junge Männer erregt sind, sind sie nur mehr schwer abzulenken. Im fortgeschrittenen Alter kann die Erektion durch Ablenkung viel schneller ins Wanken gebracht werden, und auch der Drang zur Ejakulation ist nicht mehr so stark, während für junge Männer Sex ohne Orgasmus kein Sex ist.

Körperlich verändert sich im Vergleich dazu bei den Frauen relativ wenig. Die Scheide wird nach dem Wechsel trockener, aber dem ist leicht mit speziellen Cremen oder schlichtweg mit Babyöl Abhilfe zu schaffen. Das sexuelle Begehren selber kann nach dem Wechsel sinken, aber auch stärker werden als beim Mann. Die Wechselphase läuft bei den Frauen individuell sehr unterschiedlich ab. Für viele Frauen ist in diesem Alter aber wichtig, dass das sexuelle Verlangen einen Teil der Beziehungspflege darstellt und nicht nur Routine oder Selbstzweck ist. Diesbezüglich steigen zweifellos die Ansprüche. Eine Frau erzählte: „Wir hatten jetzt lange Zeit Sex am Samstagnachmittag. Da hatten wir Zeit und Ruhe, weil die heranwachsenden Kinder alle auf der Piste waren. Inzwischen frage ich mich aber, ob wir Sex am Samstag haben, weil Samstag ist oder weil wir wirklich Lust auf Sex haben." „Wenn Sex, dann gepflegter Sex", meinte eine Seminarteilnehmerin. Qualität steht hier ganz sicher vor Quantität. Andererseits kann unter diesen veränderten Rahmenbedingungen gerade die Sexualität eine neue Form der ehrlichen, vertrauten Beziehungspflege sein. Noch im hohen Alter kann Sexualität heißen: Wir gehören zusammen, auch körperlich.

Wie sollen aber wir Männer nun mit unseren körperlichen Veränderungen umgehen? Zunächst einmal müssen wir uns lösen vom Druck jener Sex-Statistiken, die uns mit einer gewissen Regelmäßigkeit in den Magazinen des Zeitgeists enthüllen, wie oft man Sex haben soll. Nirgends wird soviel gelogen wie beim Sex, und das gilt auch dann, wenn wir noch so anonym einen Fragebogen ausfüllen. Grundsätzlich haben wir die Wahl zwischen drei Möglichkeiten im Umgang mit den sexuellen Veränderungen.

Sein-und-Schein-Sexualität: Wir können das Älterwerden als männlichen Imageverlust begreifen, den wir zumindest nach außen hin auf keinen Fall zulassen dürfen (Stichwort Berlusconisierung), was zu einer Sein-und-Schein-Sexualität führt mit immer jüngeren Partnerinnen, einer ständigen Erhöhung der Reizdosis und vielen Ersatzsymbolen. Der Playboy-Gründer Hugh Hefner ließ sich früher meist mit zwei Models ablichten, in den letzten Jahren waren oft schon fünf Bunnys um ihn herum.

Medikamenten-Sexualität: Wir können das Älterwerden als Krankheit ansehen und kommen so zu einer Medikamenten-Sexualität, die sich die diversen Angebote der Pharmaindustrie zunutze macht wie Viagra oder Testosteronpflaster. Viagra ist ein wertvolles Medikament bei krankhaften Formen der erektilen Dysfunktion. Solche Erektionsstörungen können körperlich hervorgerufen werden durch Diabetes mellitus (Alterszucker), Gefäßerkrankungen (Arteriosklerose), fehlende Hodenfunktion (hormonelle Störungen), Rückenmarksverletzungen, Multiple Sklerose oder auch durch Prostataeingriffe. In solchen Fällen hilft Viagra den betroffenen Männern, allerdings kaum bei Lustlosigkeit oder wenn die Erektionsstörungen psychische und mentale Ursachen haben.

Der verbreitete Einsatz von Viagra und ähnlichen Medikamenten wie Cialis oder Levitra gilt jedoch dem Anti-Aging, wenn Männer mit den Veränderungen und den eigenen Ängsten Mühe haben und lieber die chemische Lösung bevorzugen. In der alltäglichen Verwendung von Viagra gibt es inzwischen sehr unterschiedliche Wahrnehmungen. In einem Spam-Mail schwärmt ein Kunde euphorisch: „Man fliegt wie mit Autopilot." Andererseits äußern zunehmend Männer das Unbehangen, sie hätten das Gefühl, das seien nicht sie selber – eher der Autopilot, möchte man da anfügen. Es scheint also auf Dauer eine zweischneidige Sache zu sein. In besagtem Spam-Mail folgt am Ende ein wichtiger Tipp: „Sagen Sie ihr nicht, dass Sie Viagra verwenden. Das weibliche Selbstbewusstsein ist genauso verletzlich wie das unsere." Sollte Viagra ursprünglich dazu dienen, den sexuellen Leistungsstress biochemisch aufzuheben, werden genau dadurch aber wieder stressige Fassaden und ängstliche Heimlichkeiten aufgebaut. Es liegt das traditionelle Männermuster dahinter, dass man(n) immer funktionieren muss. Wenn etwas nicht mehr ganz so funktioniert, nimmt man(n) lieber Tabletten, als darüber zu reden.

Ehrliche Sexualität: So bleibt als letzte Möglichkeit, dass wir das Älterwerden als natürliche Veränderung begreifen, das auch eine veränderte Sexualität zur Folge hat. Das setzt einen möglichst ehrlichen Umgang voraus in der Hoffnung, dass auch die Partnerin nicht erwartet, dass wir ihr etwas vorspielen. Schließlich wird sie ja auch nicht jünger. Statt Sein und Schein oder heimlichen Pillen könnte es jetzt auch heißen: Nichts muss mehr sein, aber alles darf sein.

Das Motto von ehrlicher Sexualität, in der man sich gegenseitig nichts mehr vormachen muss, könnte mit zunehmendem Alter lauten: Das, was geht, und so, wie es geht! Es wird vermutlich nicht mehr so oft sein, nicht mehr so schnell ablaufen und länger dauern (zur Freude mancher Frau), nicht mehr so hart sein, weicher, kuscheliger, manchmal vielleicht auch ohne Orgasmus, weniger kopulativ, auch mit Befriedigung mit den Händen oder gegenseitigem Zuschauen. Selbst im höheren Alter können wir eine neue Sprache der Sexualität lernen, können sich noch neue Formen von Erotik, Zärtlichkeit und Intimität entwickeln.

Die Therapeutin Eva Jaeggi hat es in ihrem Buch „Tritt einen Schritt zurück und du siehst mehr“ sehr einfühlsam beschrieben: „Auch ohne Viagra muss der Lustgewinn nicht schwinden. Ältere fantasiebegabte Paare, wenn sie einander mögen und Vertrauen zueinander haben, erfinden sich auch ohne höchste orgiastische Lüste ein befriedigendes sexuelles Zusammensein. Streicheln, oraler Sex (für den Mann oft sehr wichtig), das Stimulieren anderer erogener Körperregionen – das alles kann an sich schon befriedigend sein und für das Paar bedeuten: Wir sind auch im erotischen Sinn ein Paar, wir gehören zusammen. Das sind dann unter Umständen lange Perioden von ‚leichter Lust‘, der kein Orgasmus folgt, die aber trotzdem Genuss bereitet, wenn man nicht wie in der Jugend auf den Orgasmus losstürmt. Ein Orgasmus ist für alte Menschen oft leichter durch Selbstbefriedigung zu erlangen als in Feinabstimmung auf den anderen. Warum nicht diese ‚geheime Lust‘ freigeben an den Partner? Zusehen, mithelfen, sich an der Lust des anderen freuen: Auch dies ist Sexualität und hat beileibe nichts Peinliches an sich, wenn beide damit einverstanden sind. All dies verlangt Vertrauen, Neugierde und die Sicherheit, vom Partner verstanden zu werden.“ (111)

Altersgerechtes Arbeiten

Heute ist die gute alte Zeit von morgen.
Karl Valentin

„Und du, wie lange musst du noch?" Wenn Männer über 50 zusammenkommen, klingt es nicht selten nach Galeere, wenn sie vom Beruf reden. Bei manchen hat man den Eindruck, sie würden ihre letzten Berufsjahre fast zwanghaft abarbeiten. Auch das österreichische Wort „Hackler-Regelung" ist verräterisch, denn es betrifft ja nicht nur die Schwerarbeiter. Ist nach 50 das Arbeiten nur noch eine leidvolle Hacklerei? Sind wir bald nur noch ein Volk von ausgepowerten Frühpensionisten? In Österreich arbeiten von den Männern zwischen 55 und 64 nur noch 38,4 Prozent. Es ist fast schon eine Art Volkssport geworden, möglichst früh in Pension zu gehen, ein Volkssport, der zwischendurch von politischen Wahlversprechen angeheizt wurde. Andererseits wird ständig betont, dass das Pensionsalter hinaufgesetzt werde, Überlegungen, die volkswirtschaftlich plausibel und nachvollziehbar sind. Bei der heutigen Überalterung ist es pensionsarithmetisch fragwürdig, Menschen, die in der Regel gesund sind, dafür zu bezahlen, nicht mehr arbeiten zu gehen.

Doch auch in meinem Umkreis habe ich manchmal das Gefühl, alle rechnen und reden nur von vorzeitigem Ruhestand und Abschlägen. Es scheint in den hohen Fünfzigern eine Art Fluchtbewegung aus der Arbeitswelt zu geben. Diese Menschen nehmen einiges in Kauf, wenn sie nur nicht mehr arbeiten müssen. Andererseits ist die Arbeit aber nicht nur das Übel, aus dem wir erlöst werden wollen. Gerade wir Männer schöpfen daraus sehr viel Lebenssinn, Bestätigung und Anerkennung. Zudem ist das Leben auch in dieser Phase zu wichtig und zu wertvoll, um jahrelang nur im Blick auf den Ruhestand verbissen durchzuhalten. Da wäre es sinnvoll, an der Arbeit selber oder an der eigenen Einstellung dazu etwas zu verändern.

Auf der anderen Seite gibt es nicht nur die ausgepowerten Frühpensionisten, sondern auch Ausgemusterte, ältere Mitarbeiter, die unfreiwillig in Rente geschickt werden, obwohl sie gerne noch arbeiten würden. Ein Mann erzählte mir, dass ihm die Firma ordentlich Druck gemacht habe, damit er frühzeitig geht, obwohl er noch gerne weitergemacht hätte. Es wurde ihm zugespielt, dass es in der Unternehmensleitung heiße: „Entweder er nimmt den Handshake an und geht oder er wird sofort gekündigt." Der Mann war dieser Situation hilflos ausgeliefert, auch zuständige Einrichtungen konnten ihm nicht helfen. Es war für ihn eine tiefe persönliche Demütigung, so plötzlich nicht mehr gebraucht und abgeschoben zu werden. Er formulierte es in seinem Schmerz so: „Wir älteren Mitarbeiter sind ausgeliefert und zum Abschuss freigegeben. Es gibt keine Schonzeit (wie beim Wild), bei uns Älteren gilt die Jagdzeit das ganze Jahr."

Wer zu alt ist, zuviel kostet, wird ausgemustert. Die Kränkung liegt aber nicht nur darin, dass man abgeschoben wird, sondern auch in der damit verbundenen Botschaft: Deine ganze Erfahrung ist entbehrlich, wir brauchen dich nicht mehr. Am Ende eines langen, einsatzreichen Arbeitslebens wird damit die eigene Leistung infrage gestellt. Es ist, als ob man so einem Menschen den Boden unter den Füßen wegziehe. Da hilft zumindest im ersten Moment auch nicht der Trost, dass man nun genug Zeit für die Enkel oder zum Golfen habe. Da geht es schlicht und einfach um die Würde eines Mannes.

Fakt ist, dass das tatsächliche Rentenalter steigen muss, und Fakt ist ebenso, dass der Wirtschaft zunehmend die Fachkräfte ausgehen. Es ist anzunehmen, dass sich die Frage der älteren Arbeitskräfte ganz neu stellen wird, dass es große Bemühungen geben muss, jenseits von auspowern und ausmustern neue Wege zu schaffen. Dazu ist es nötig, dass wir uns endlich darüber Gedanken machen, was altersgerechtes Arbeiten heißt. Von jüngeren und älteren Arbeitnehmern wird im Grunde immer dasselbe verlangt. Dass jüngere mehr Kraft und ältere mehr Erfahrung haben, wird noch viel zu wenig berücksichtigt, und genau das powert die älteren aus.

Es ist vielfach eine unsinnige Idee, dass Männer bis zur Pensionierung mit Vollgas durcharbeiten. Das „Vollgas“ ist für die jungen Männer kein Problem, aber ab einem gewissen Alter nimmt zwar die Erfahrung zu, doch die Kraft lässt nach. Ab 50 spüren wir zunehmend, wie auch der Köper altert. Kleine Leiden treten auf, die man vorher nicht kannte, und dieselbe körperliche Leistung erfordert plötzlich mehr Kraft und Aufwand. Wenn junge Männer gefordert sind, entwickeln sie gerade dadurch ihre Kondition und Ausdauer. Doch ab einem gewissen Alter funktioniert das nicht mehr so. Jetzt brauchen wir nach besonderen Belastungen längere Erholungsphasen, und je älter wir werden, umso länger müssen diese Phasen sein. Stress und Druck hinterlassen bei Jüngeren nicht die Spuren wie bei Menschen jenseits der Lebensmitte. Das ist eine Tatsache, über die kaum jemand zu reden wagt, ein Tabu. Wir Männer selber sollten dieses Tabu brechen. Wir müssen den Mund aufmachen und uns das Recht nehmen, müde zu sein und Erholung zu brauchen. Gesundheit am Arbeitsplatz wird dann erst wirklich zum Thema, wenn wir es auch einfordern, statt nur stumm hinter der Fassade zu leiden.

Zum anderen muss sich die Arbeitswelt neu über den Wert der älteren Arbeitnehmer bewusst werden, deren Erfahrung und Routine oft unersetzlich ist. Die Jungen können besser „rennen“, die Älteren besser „zaubern“. In einer funktionierenden Familie gibt es verschiedene Generationen mit unterschiedlichen Rollen und Aufgaben, und das wäre auch ein taugliches Bild für Unternehmen. Neben dem „gendern“ sollten wir in Zukunft vermutlich auch „eldern“, bewusst auf die Integration aller Generationen in einer Belegschaft achten, damit das persönliche Leistungsvermögen jedes Einzelnen gut genutzt werden kann. Dann können wir uns auch vom Bild verabschieden, dass ältere Mitarbeiter genauso Gas geben müssen wie junge. Ein Umdenken ist dringend nötig, denn es kann nicht sein, dass ab 55 alle nur noch aus der Arbeit flüchten wollen. Nur so wird es in Zukunft auch möglich sein, bei steigendem Fachkräftemangel das Wissen und die Erfahrung der älteren Arbeitnehmer zu sichern.

Ganz anders sieht die Situation für jene Männer aus, die im höheren Alter die Arbeit verlieren, gerade aufgrund des Alters keine Arbeit mehr finden können und vielleicht mit Sozialhilfe auskommen müssen. Abgesehen von den materiellen Schwierigkeiten geht es ganz wesentlich um die Frage des männlichen Selbstwertgefühls. Wir Männer schöpfen sehr viel Identität und Selbstwert aus der Erwerbsarbeit, und deshalb kommt sich ein älterer Arbeitsloser sehr schnell als nutz- und wertlos vor. Vielleicht liegt hier auch der Grund, warum viele sich dann sehr hängenlassen. Als ich einmal in eine große Männergruppe eingeladen war, berichtet der Leiter, dass ein Mann nun schon einige Monate nicht mehr zu den Treffen kam, obwohl er sonst immer Stammgast war. Er habe ihn deshalb angerufen und gefragt, warum er nicht mehr komme. Die Antwort war schockierend und typisch männlich zugleich: Er sei seit Monaten arbeitslos und schäme sich deshalb zu sehr vor den anderen Männern der Gruppe. Genau jetzt, wo ihm diese anderen so guttun könnten, wo er von ihnen Zuspruch, Bestätigung und männliche Solidarität bekommen könnte, genau da zieht er sich aus falscher Scham zurück! Auch das sind leider Männergeschichten. Gerade in solchen Situationen haben wir Verantwortung füreinander, sind es aber auch uns selber schuldig, dass wir gut auf uns und unsere Bedürfnisse schauen.

Vom wohlverdienten Ruhestand

Alt ist man dann,
wenn man an der Vergangenheit
mehr Freude hat
als an der Zukunft.
John Knittel

Wer freut sich nicht auf den „wohlverdienten Ruhestand“, und doch schaut wieder einmal vieles ganz anders aus, als man(n) es sich vorgestellt hat. Nicht selten treten Männer sehr unvorbereitet und unbedarft in diesen neuen Lebensabschnitt und glauben vielleicht unüberlegt, dass sie wie von selber ins Schlaraffenland des Alters fallen, das allerdings sehr bald eintönig wird, wenn es nicht bewusst gestaltet wird. Im Internet kursiert eine herrliche Geschichte, die Quelle konnte von mir nicht eruiert werden, mit dem Titel „Ein Jahr als Rentner“, in der die vielfältigen Herausforderungen des Ruhestands humorvoll in Tagebuchform auf den Punkt gebracht werden:

Ein Jahr als Rentner

24. Mai: Es ist geschafft. Mein letzter Arbeitstag. Ich bin endlich Rentner. Jetzt geht mein Leben richtig los. Ich will einfach das machen, woran mich diese verdammte Arbeit immer gehindert hat.

25. Mai: Ich stehe früh auf und weiß gar nicht, was ich zuerst tun soll. Der Rasen muss gemäht werden, ich will die Dachrinne reparieren, ich muss die Wasserhähne entkalken, ich will ein Vogelhäuschen bauen und endlich mal „Krieg und Frieden“ lesen. Treffe vor dem Haus meinen Nachbarn. Er ist auch Rentner. Er läuft unrasiert im Jogginganzug rum, sieht aus wie Jörg Kachelmann nach 30 Tequila. Er schaut den ganzen Tag Nachmittagstalkshows oder löst Kreuzworträtsel. Das

wäre nichts für mich. Ich mähe erst mal den Rasen, reinige die Dachrinne und fange mit einem Vogelhäuschen an. Das Leben ist wunderbar.

2. Juni: Der Rasen ist gemäht, die Dachrinne gereinigt und das Vogelhäuschen ist fertig. Die Piepmätze kommen an und tirilieren fröhlich. Ich fahre zu OBI, besorge Entkalker für die Wasserhähne. OBI ist voll mit Rentnern. Jeden Morgen trifft sich da das Krampfadergeschwader am Holzzuschnitt. Trübe Tassen. Fahre nach Hause und entkalke die Wasserhähne.

7. Juni: Etwas länger geschlafen. Dann frühstücke ich und kontrolliere, ob die Wasserhähne nicht neuen Kalk angesetzt haben. Danach Rasenmähen und Fahrt zu OBI. Lasse mir Holz für ein weiteres Vogelhäuschen zuschneiden. Dann hab ich zwei. Eins für die Vogelmännchen und eins für die Vogelweibchen.

22. Juni: Bis mittags geschlafen. Dann noch ein Vogelhäuschen für Behinderte gebaut. Dann Rasen gedüngt, damit er schneller wächst und häufiger gemäht werden muss. Danach Tee mit meiner Frau! Ich gebe ihr Tipps für den Haushalt. Aber manchmal habe ich den Verdacht, ich nerve sie. Zum Beispiel, wenn wir im Garten zusammen Dart spielen. Nicht dass wir uns streiten – aber warum klebt sie vor dem Werfen immer mein Foto auf die Dartscheibe?

30. Juni: Will mal wieder mit einem anderen Menschen reden und gehe zum Arzt. Viele Rentner gehen zum Arzt, um mal zu quatschen; ich habe mir Prostatabeschwerden ausgedacht. Aber er schickt mich nach Hause – Prostata würde bei Kassenpatienten in meinem Alter nicht mehr behandelt – Rentner hätten genügend Zeit zum Pinkeln?

13. Juli: Schlafe bis zwei. Danach Rasen mähen und ein Vogelhäuschen basteln. Im Garten stehen jetzt 28 Stück. Als ich es aufstellen will, entdecke ich auf dem Rasen einen Brief. Die Vögel haben ihn geschrieben: „Alter, hör auf mit den scheiß Vogelhäuschen. Wir sind satt, und es ist uns vor den anderen Tieren peinlich.“ Mein Nachbar bietet mir ein Kreuzworträtselheft an. Ich schau mal rein. Russischer Fluss mit sieben

Buchstaben. Ach, was denkt denn sich der Idiot? Dass ich Zeit habe, mir im Atlas russische Flüsse mit sieben Buchstaben rauszusuchen?

1. August: Es gibt insgesamt 1376 russische Flüsse mit sieben Buchstaben. Die bekanntesten sind: Bjelaja, Dnjestr, Irtysch, Utschur und Wolchov. Am Abend Krise mit meiner Frau. Unser erotisches Leben ist eingeschlafen. Passiert vielen Rentnern. Meine Frau schlägt als Lösung vor, wir sollten mal Sex an ungewöhnlichen Orten probieren.

4. September: Wir haben die Seiten im Bett getauscht. Hilft auch nicht. Habe gelesen, 50 % der Männer über 65 nehmen Viagra. 70 % davon können sich allerdings nicht mehr daran erinnern, warum …

30. September: „Krieg und Frieden" lese ich nicht mehr. Schaue jetzt mehr Nachmittagstalkshows. Heut ist das Thema „Ich mach Dich kalt, du blöde Summse". Naja, ein bisschen lehnt sich das ja auch an „Krieg und Frieden" an.

26. Oktober: Meine Frau meint, wir sollen etwas für unsere Körper tun … Wellness … Sobald man Rentner ist, soll alles nur noch Wellness sein. Man soll die Seele baumeln lassen … Warum? Wenn man älter wird, baumelt am Körper sowieso schon so viel. Da muss die Seele nicht auch noch mitbaumeln. Meine Frau schleppt mich zum Rentner-Yoga, zur Rentner-Sauna, zum Pilates. Pilates! Das war für mich bislang der Typ, der Jesus gekreuzigt hat!

12. November: Beim Rentner-Yoga soll ich die Figur machen „Das Gnu liegt in der Morgensonne". Ich mache die Figur „Der Arbeitnehmer betätigt die Stechuhr". Werde aus dem Kurs geworfen!

3. Januar: Habe mit dem Sport aufgehört. Nur den Jogginganzug trage ich noch ganz gern. Rasieren tu ich mich auch nicht mehr. Wenn ich auf die Straße gehe, fragen mich manchmal die Obdachlosen, ob ich einen Euro brauche. Meine Frau will mich aktivieren und schafft einen Dackel an. Das ist das Ende. Wenn der beste Freund eines Mannes eine Wurst mit Beinen ist, die Purzel heißt, ist es Zeit für ihn, abzutreten.

Dackel wurden Anfang des 20. Jahrhunderts in England gezüchtet. Ziel der Züchtung war es, eine Nackenrolle zu haben, die selbstständig in die Waschmaschine gehen kann! Ich schäme mich. Aber ich geh mit ihm spazieren. Sitze dann im Wald auf einer Bank, mein Blick fällt auf die Ameisen am Boden. Tja, die arbeiten und arbeiten, von denen sagt keine: „Ich bin in Rente und mach jetzt Pilates!"

12. Februar: Bin nachts nicht müde. Wovon auch? Stehe deshalb auf, setze mich ins Auto und fahre durch die nächtliche Stadt. Ich lande bei meiner alten Firma, steige aus, streichle das Gebäude. Auf der Rückfahrt sehe ich, wie an einer Landstraße Türken auf dem illegalen Arbeitsstrich rumstehen und warten, dass sie zur Schwarzarbeit abgeholt werden. Traurig so was!

3. März: Habe mich dunkel geschminkt, mir einen Schnauzer angeklebt und reihe mich unter die Türken an der Straße ein. Serhat, Mehmet, Ügür und Öczan. Im Auto stellt sich raus, die heißen eigentlich Franz, Theo, Günther und Willi. Und sind auch Rentner mit angeklebten Schnauzern. Am Nachmittag – Arbeit auf einer Baustelle. Ich war lange nicht so glücklich!

12. April: Fahre jetzt jeden Morgen mit den anderen Rentnern auf die Baustelle. Nachmittags sitzen wir zusammen und überlegen, was wir noch machen könnten. Wir wollen eine Firma gründen, einen Konzern erschaffen, wir wollen ackern und malochen. Auch mit fünfundsechzig kann man noch viel bewegen. Eine Geschäftsidee für unseren Konzern haben wir auch schon: Vogelhäuschen. (Text ohne Autorenangabe aus dem Internet)

Der Übergang in den Ruhestand muss gestaltet und besser noch vorbereitet werden. Vogelhäuschen zu basteln, macht eben nur Sinn, wenn es eine Geschäftsidee ist, ein Projekt und nicht nur der verzweifelte Versuch, den Tag zu füllen. Diese köstliche Geschichte zeigt humorvoll, worum es in der Gestaltung des Ruhestandes geht. Die wichtigste Erkenntnis vorab: Die Pension oder Rente sollte schon Jahre vorher zumindest im Kopf beginnen. Wer bis dahin nur an seine Arbeit dachte, fällt sehr schnell in ein Loch und findet sich dann beim Frauen-Yoga oder mit 28 Vogelhäuschen wieder. Wer neben der Berufstätigkeit keine Hobbys mehr gepflegt hat, wird auch dann nicht von heute auf morgen sinnerfüllende Hobbys zur Hand haben. Auf den neuen Lebensabschnitt sollten wir uns einstellen, uns überlegen, wie wir diese Zeit mit ihren Möglichkeiten gestalten wollen, welche Ziele wir damit verbinden. Ansonsten landen wir in einem dumpfen Nichtstun und werden uns dabei sehr schnell sehr alt vorkommen.

Zu dieser Vorsorge gehört auch die Frage der finanziellen Absicherung. Es gab in der Geschichte der Menschheit noch nie eine Altengeneration, die materiell derart gut dastand. Bei allen sozialen Ausnahmen, die es gibt. „Die gute Zeit der Alten ist heute", betont der Gerontologe Eckart Hammer, und die Zeiten sind vorbei, in denen man im Gottesdienst automatisch „für die Armen und Alten" bitten musste. „Zu keiner Zeit in keinem Land der Erde gab es jemals so viele alte Menschen, die materiell so abgesichert, bei so guter Gesundheit, bei so guter Versorgung so lange lebten wie die heutigen Altengenerationen in der reichen Welt." (Hammer, 2007, 148) Die soziale Schere geht im Moment etwas auseinander, aber noch ist Altersarmut zumindest kein breites Problem. Trotzdem macht es für jeden Einzelnen Sinn, seine künftige finanzielle Situation zu überdenken und gegebenenfalls auch privat vorzusorgen. Ähnliches gilt für die eigene Wohnsituation im Hinblick auf das Altwerden und mögliche körperliche Beeinträchtigungen. Auch hier ist rechtzeitige Vorsorge sinnvoll, da man nicht mehr unbedingt die alten Bäume verpflanzen sollte.

Zurück zu unserem Rentner mit seinen Vogelhäuschen: Der Beruf und die Erwerbsarbeit sind für uns Männer eine wesentliche Säule der männlichen Identität. Daran wird sich bei allem Wandel der Rollenbilder auch in Zukunft nicht so viel ändern, wenn auch neue Bereiche wie aktive Vaterschaft dazukommen. Im Beruf erfahren wir ein Stück Berufung, haben wir einen Auftrag, werden wir gebraucht. All diese Dinge sind für uns sinnstiftend und gleichzeitig wichtig für die Aufrechterhaltung unseres Selbstwertgefühls. Dazu kommt die Bestätigung von außen, die soziale Teilhabe an Prozessen, die Anerkennung, die wir dafür bekommen, und nicht zuletzt der soziale Status, den wir uns damit sichern. An diesen Dingen mag sich in der Zeit des Ruhestands einiges relativieren, grundsätzlich bleiben aber die Bedürfnisse bestehen. Deshalb ist es wichtig, dass wir sie im Ruhestand kompensieren, dass wir neue Projekte, neue Aufgaben und Herausforderungen finden, altersgemäße natürlich, in einem anderen Tempo als früher, mit weniger Druck und Stress, selbstbestimmter, aber nicht weniger lustvoll. Es tut unserer Männerseele gut, wenn wir uns engagieren und einsetzen, wenn wir Möglichkeiten haben, unser Wissen und unsere Erfahrung in neuen Feldern anderen zur Verfügung zu stellen. Gleichzeitig erweitert es unsere Palette, wenn wir z. B. im Opa-Projekt neue Seiten an uns pflegen, Fähigkeiten entdecken, die bisher brachlagen oder zumindest zu kurz kamen. Manch einer reaktiviert auch völlig unerwartet, aber mit glänzenden Augen seine Bubenträume. Sicher ist nur, dass Konsum und Fernsehen auf Dauer im Alter kein sinnerfülltes Dasein darstellen.

Noch etwas entdeckt unser Rentner aus der obigen Geschichte wieder neu: die Kontakte mit Serhat/Franz, Mehmet/Theo und den anderen. Die sozialen Kontakte von Männern sind meist funktional, soziale Beziehungen, die hauptsächlich mit der Berufswelt zusammenhängen. Männer haben zwar durchwegs Kumpel und Kollegen, nur wenige aber haben auch echte Freunde. In einer Umfrage in Deutschland haben 75 % der Männer von sich gesagt, dass sie keinen Freund hätten. Zweifellos verwenden Männer das Wort „Freund“ exklusiver als die meisten Frauen, aber es ist ein Thema, das gerade im Ruhestand virulent wird, wenn die beruflichen Kumpel und Kollegen plötzlich wegbrechen. Es ist für Männer wichtig, dass sie eigene Sozialkontakte haben, die nicht nur mit dem Netzwerk der Partnerin zusammenhängen. Schon deshalb ist das Engagement im Ehrenamt wichtig, in Einrichtungen, Vereinen, Pfarreien oder Parteien. Wer nur noch daheim der Frau auf die Nerven geht, muss irgendwann mit zum Pilates. Im Vorfeld schon Freundschaften gezielt zu pflegen, wäre auch in diesem Feld eine wertvolle Vorbereitung auf den Ruhestand.

Um noch etwas ringt der Rentner aus der Geschichte: Er tut alles Mögliche, um seinem Alltag wenigstens eine Struktur zu geben. Ein Bekannter hat mir erzählt, wie er nach den sehr anstrengenden letzten Berufsjahren sich vorgenommen hat, erstmal exzessiv nichts zu tun. Ein paar Monate später war er so weit, dass er sich wieder den Wecker stellen musste: „So angenehm das anfangs war, irgendwann wurde dieses Nichtstun zu einer dumpfen, trägen Sache. Ich wäre regelrecht versumpft, wenn ich mich nicht noch rechtzeitig am eigenen Schopf gepackt hätte. Der Wecker war zuerst tatsächlich meine Rettung." Das Nichtstun und Sichgehenlassen funktioniert herrlich im Urlaub, aber der ist von vorneherein begrenzt; auf Dauer sind wir offensichtlich nicht dafür geschaffen. Deshalb ist es auch im Ruhestand wichtig, eine Struktur für den eigenen Alltag zu finden. Wir brauchen diesen Rahmen, um uns überhaupt entfalten zu können, und es ist auf Dauer einfach zu anstrengend, gleichsam jeden Tag neu erfinden zu müssen.

Dass das Dartspielen mit der eigenen Frau im Garten eine heiße Sache sein kann, hatten wir schon. Der Ruhestand kann auch Raum schaffen für neue Macht- und Revierkämpfe. Deshalb ist es eine Herausforderung, hier viele Dinge neu auszuverhandeln und zu gestalten, gemeinsam, aber auch in getrennten Revieren.

Mit höherem Alter wird die Welt immer kleiner und werden die Felder enger, aber auch die eigenen Ansprüche weniger. Vielleicht ist besagter Rentner jetzt schon glücklich, wenn er täglich die Vögel an seinem Häuschen beobachten und ihnen einen Namen geben darf. Es ist schön, wenn wir diesen Weg gut zu Ende gehen können, uns den Beschwerden und Beeinträchtigungen des hohen Alters stellen, ohne an ihnen zu zerbrechen, in der immer kleiner werdenden Welt aber auch die noch so kleinen Freuden des Alltags nicht vergessen.

Das Beste kommt zum Schluss

Sieh, das ist Lebenskunst:
vom schweren Wahn des Lebens
sich befrein, fein hinzulächeln
übers große Muss.
Christian Morgenstern

„Das Beste kommt zum Schluss!" So heißt ein Film, in dem Jack Nicholson und Morgan Freeman zwei ältere Männer spielen, die im selben Zimmer in einem Krankenhaus liegen. Sie sind beide an Krebs erkrankt und haben nur noch wenige Monate zu leben. Die beiden Männer sind grundverschieden und müssen sich in ihrem gemeinsamen Schicksal erst langsam einander nähern. Die Hauptdarsteller des Films sind zweifellos besser als das Drehbuch, doch die Kernidee, die „Löffel-Liste", die hat etwas für sich.

Der eine beobachtet, wie der andere immer wieder an einer Liste herumschreibt, durchstreicht, Neues hinzufügt, das ganze Blatt zerknüllt, wegwirft und dann doch wieder von vorne anfängt. Auf die Frage, was er da die ganze Zeit mache, erklärt er ihm, er erstelle seine Löffel-Liste. Das sei eine Liste von Dingen, die er in seinem Leben noch tun will, bevor er „die Löffel" abgibt und darum: die „Löffel-Liste".

Die Idee hat eindeutig einen gewissen Charme, und sie funktioniert nicht erst, wenn wir alt sind und den Tod vor uns haben. Das ist eine Übung, die jeder Mann (und jede Frau) für sich machen kann, die sich aber auch für Paare eignet. Das könnte dann ungefähr so aussehen: Jeder Teil erstellt zuerst für sich eine „Partnerschafts-Löffel-Liste": Was möchte ich mit meiner Partnerin bzw. mit meinem Partner noch erreichen oder noch tun? Dann können die beiden ihre „Löffel-Listen" vergleichen. Das Gemeinsame kommt auf ein neues Blatt, und die restlichen Dinge müssen eben gut ausverhandelt werden. Eine Studie hat gezeigt, dass man in einer Partnerschaft sehr viel punkten kann, wenn man dem anderen zuliebe auf etwas verzichtet. Wenn das beide tun, müsste auf dem neuen Blatt eine feine, Zukunft versprechende „Partnerschafts-Löffel-Liste“ entstehen.

Allerdings ist es vielleicht doch besser, die „Löffel-Liste“ zuerst für sich selber zu machen. Denn, wenn wir nicht wissen, wohin wir wollen, werden wir vermutlich anderswo landen. Andererseits gibt es den Satz von Karl Kraus, dass man ruhig über das Ziel hinausschießen dürfe, wenn die Richtung stimmt. Und diesen Trost möchte ich am Ende auch für mein eigenes Buch in Anspruch nehmen.

Literatur

Bastian, Till: Lebenskünstler leben länger. Gesundheit durch Eigensinn, Reinbek bei Hamburg 2000.

Brizendine, Louann: Das männliche Gehirn. Warum Männer anders sind als Frauen, Hamburg 2010.

Buchebner-Ferstl, Sabine: Das Paar beim Übergang in den Ruhestand. Eine qualitative Studie auf der Grundlage der Grounded Theory. ÖIF Schriften Bd. 14, Wien 2005.

Daiber, Jürgen: Der Mittagsdämon. Zur literarischen Phänomenologie der Krise der Lebensmitte, Paderborn 2006.

Diamond, Jed: Der Feuerzeichen-Mann. Wenn Männer in die Wechseljahre kommen, München 1999.

Ernst, Heiko: Das gute Leben. Der ehrliche Weg zum Glück, München 2003.

Ernst, Heiko: Weitergeben! Anstiftung zum generativen Leben, Hamburg 2008.

Eschenbach, Wolfram von: Parzival. Mittelhochdeutsch-Neuhochdeutsch. Übersetzt von Wolfgang Spiewock, Stuttgart 1981.

Fauss, Monica: Weiter lieben … Wie ältere Menschen ihre Beziehungen leben, Freiburg 2009.

Fröhlich, Peter: „Meine Alte spinnt“. Paare über 50 – aus Männersicht, Oldenburg 2010.

Fügemann, Christiane: Probleme von Männern in der Lebensmitte – empirische Studien, Hamburg 2005.

Fügemann, Christiane; von der Linde, Ines; Minsel, Wolf-Rüdiger: Männer in der Lebensmitte, Frankfurt 2008.

Geiger, Arno: Alles über Sally, München 2010.

Gross, Peter; Fagetti, Karin: Glücksfall Alter. Alte Menschen sind gefährlich, weil sie keine Angst vor der Zukunft haben, Freiburg 2008.

Grün, Anselm: Leben ist Jetzt. Die Kunst des Älterwerdens, Freiburg, 2009.

Grün, Anselm: Lebensmitte als geistliche Aufgabe, Münsterschwarzach 2005.

Guggenbühl, Allan: Männer Mythen Mächte. Was ist männliche Identität?, Zürich 1994.

Hammer, Eckart: Männer altern anders. Eine Gebrauchsanweisung, Freiburg 2007.

Hammer, Eckart: Das Beste kommt noch. Männer im Unruhestand, Freiburg 2010.

Hell, Daniel: Die Sprache der Seele verstehen. Die Wüstenväter als Therapeuten, Freiburg 2007.

Hieronimus, Brigitte: Romeo und Julia in der Midlife-Crisis. Liebe, Lust und Leidenschaft in turbulenten Zeiten, Stuttgart 2003.

Hofer, Markus: Franz für Männer. Was uns der Mann aus Assisi zu sagen hat, Innsbruck 2001.

Hofer, Markus: Männersache. Gedanken zum Mannsein, Innsbruck 2009.

Homer, Odyssee. Übersetzt von W. Schadewaldt, Reinbek 2008.

Jacobi, Günther u. a. (Hg.): Anti-Aging für Männer. Strategien für den ganzen Mann, Stuttgart 2004.

Jaeggi, Eva: Tritt einen Schritt zurück und du siehst mehr. Gelassen älter werden, Freiburg 2005.
Jellouschek, Hans: Die Krise der mittleren Jahre, in: Jellouschek: Mit dem Beruf verheiratet. Von der Kunst ein erfolgreicher Mann, Familienvater und Liebhaber zu sein, Stuttgart 1996.
Jellouschek, Hans: Liebe auf Dauer. Die Kunst ein Paar zu bleiben, Stuttgart 2004.
Jellouschek, Hans: Wenn Paare älter werden. Die Liebe neu entdecken, Freiburg 2008.
Jung, C. G.: Die Lebenswende, in: Gesammelte Werke Bd. 8, S 425-442, Solothurn 1985.
Kleist, Bettina von: Wenn der Wecker nicht mehr klingelt. Partner im Ruhestand, München 2008.
Love, Patricia; Stosny, Steven: Schatz, wir müssen gar nicht reden! Wie Sie Ihre Beziehung in weniger als 5 Minuten täglich verbessern, Frankfurt 2009.
Lütz, Manfred: Lebenslust. Wider die Diät-Sadisten, den Gesundheitswahn und den Fitness-Kult. Ein Buch über Risiken und Nebenwirkungen der Gesundheit und darüber, wie man länger Spaß am Leben hat, München 2002.
Michal, Wolfgang: Einsame Klasse. Wenn Männer in die Jahre kommen, Berlin 2007.
Perrig-Chiello, Pasqualina: In der Lebensmitte. Die Entdeckung des mittleren Lebensalters, Zürich 2010.
Retzer, Arnold: Lob der Vernunftehe. Eine Streitschrift für mehr Realismus in der Liebe, Frankfurt 2009.
Riemann, Fritz; Kleespies, Wolfgang: Die Kunst des Alterns. Reifen und Loslassen, München 2007.
Rohr, Richard: Endlich Mann werden. Die Entdeckung der Initiation, München 2005.
Rohr, Richard: Vom wilden Mann zum weisen Mann, München 2006.
Rohr, Richard: Befreiung vom Ego. Wege zum wahren Selbst, München 2008.
Rosowski, Martin; Ruffing, Andreas (Hg.): Kraft-Räume. Gedanken und Gebete für Männer, Kevelaer 2006.
Schenk, Herrad: Der Altersangst-Komplex. Auf dem Weg zu einem neuen Bewusstsein, München 2007.
Schlenz, Kester: Alter Sack, was nun? Das Überlebensbuch für Männer, München 2009.
Tracewell, Cornelius: Die Löffel-Liste. Eine kleine Philosophie der letzten Dinge im Leben eines Mannes, München 2008.
Wartenweiler, Dieter: Männer in den besten Jahren. Von der Midlife-Crisis zur gereiften Persönlichkeit, München 2001.
Wecker, Konstantin: Die Kunst des Scheiterns. Tausend unmögliche Wege, das Glück zu finden, München 2007.
Zeier, Hans: Männer über fünfzig. Körperliche Veränderungen – Chancen für die zweite Lebenshälfte, Bern 2002.